La maquette de la couverture a été réalisée

d'après le dessin de B. CADENAT qui illustrait

le numéro 2I (I976) de la revue

RECHERCHE,PEDAGOGIE ET CULTURE sur

"COMMUNICATION ET CHOC DE CULTURES."

CONTACTS DE LANGUES ET CONTACTS DE CULTURES

2. La situation du Tchad :
approche globale au niveau national

LACITO - documents

AFRIQUE

5

CONTACTS DE LANGUES ET CONTACTS DE CULTURES

Jean-Pierre CAPRILE (éd.)

2. LA SITUATION DU TCHAD :
APPROCHE GLOBALE AU NIVEAU NATIONAL

FRANCIS JOUANNET
SERGE GORACCI et FRANCIS JOUANNET

Publié avec le concours du
LP 3-121 du C.N.R.S.
LABORATOIRE DE LANGUES ET CIVILISATIONS
A TRADITION ORALE
1978

LABORATOIRE DE LANGUES ET CIVILISATIONS
A TRADITION ORALE (LP 3-121 du C.N.R.S.)
27, rue Paul Bert — 94200 IVRY (France)

DEPARTEMENT AFRIQUE
Section 7 - SOCIOLINGUISTIQUE, CONTACTS
DE LANGUES ET FRANÇAIS REGIONAUX

ISBN n° 2-85297-046-5

SELAF - 5, rue de Marseille - 75010 PARIS
Tél. 208.47.66

CONTACTS DE LANGUES ET CONTACTS DE CULTURES

2. LA SITUATION DU TCHAD :
APPROCHE GLOBALE AU NIVEAU NATIONAL

SOMMAIRE

INTRODUCTION

OBSERVATION, APPLICATION ET THEORISATION LINGUISTIQUES EN'AFRIQUE CENTRALE

Un certain nombre de problèmes pratiques se posent aux linguistes en poste en Afrique, dans des organismes de recherche ou d'enseignement :

. enseigner le français à des élèves dont la langue maternelle est africaine

. enseigner la linguistique en utilisant des exemples africains

. établir la carte linguistique et sociolinguistique d'une nation africaine

. utiliser des langues africaines comme matière ou comme moyen d'enseignement

. trouver sur quels critères choisir une ou plusieurs langues, ou une variété particulière de cette, ou de ces langues, pour une utilisation dans de nouveaux secteurs d'activité

. établir un système d'écriture pratique pour une ou plusieurs langues "nationales"

. rédiger des ouvrages de référence pour des langues africaines (phonologie, grammaire, dictionnaire bilingue ou unilingue, etc.)

. participer à une campagne d'alphabétisation ...

Les linguistes confrontés à ces problèmes peuvent se demander si les concepts et les méthodes qu'ils ont hérités de la linguistique occidentale des XIXe et XXe siècles sont toujours suffisants pour leur permettre de comprendre correctement les faits linguistiques africains, et d'agir de façon appropriée, dans le contexte africain.

En effet, la zone soudano-sahélienne et soudano-guinéenne qui nous intéresse se trouve être la zone de contact, et parfois d'affrontement, entre une grande aire chamito-sémitique et musulmane au nord, et une grande aire bantou "animiste" et chrétienne au sud. Elle est soumise à une influence occidentale intense, coloniale puis post-coloniale, depuis plus d'un siècle. Tout ceci en fait une zone de changement social et socioculturel à l'intérieur de laquelle les problèmes linguistiques sont très complexes et difficilement dissociables du contexte social.

Ces linguistes peuvent certes observer et agir au jour le jour : leur profession le leur impose. Mais ils peuvent aussi essayer de réexaminer les concepts et les méthodes qu'ils ont l'habitude d'utiliser, en les confrontant aux réalités africaines.

Une des premières difficultés auxquelles on se heurte est la délimitation et la définition des objets observés :

- où commence et où finit telle "langue" particulière quand on se trouve en face d'un "continuum dialectal" ?

- comment définir les différentes variétés linguistiques utilisées dans des situations où le plurilinguisme est la norme ?

Le fait de définir la langue comme une institution sociale, ou même comme une technique corporelle, ne nous dira pas de façon immédiate quels types de rapport une communauté humaine, elle-même complexe, entretient avec la, ou les variétés linguistiques qu'elle utilise.

Dans cette perspective, on arrive rapidement à se poser des questions fondamentales :

. qu'est-ce qu'une langue ?

. qu'est-ce qu'une communauté linguistique ?

Il nous a semblé que les situations où plusieurs sociétés, cultures, civilisations et langues entrent en contact, bien souvent en conflit, comme en Afrique Centrale, offrent des occasions particulièrement propices pour observer comment les langues et les communautés linguistiques se font et se défont.

Les linguistes intéressés par cette problématique se sont d'abord réunis au Tchad dans le cadre de l'Université de Ndjaména, puis à Paris dans le cadre du Groupe de Recherche 32 du CNRS, devenu plus tard le Laboratoire de Langues et Civilisations à Tradition Orale (LP 3-121). Chaque exposé présenté par l'un de ces linguistes est l'occasion d'une réunion permettant un échange d'idées.

Il a paru utile de créer cette série "Contacts de langues et contacts de cultures" afin de publier une partie de ces exposés et de maintenir un lien entre des linguistes qui se trouvent le plus souvent dispersés en Europe et en Afrique.

Le premier volume de la série présente une approche sociodémographique de l'utilisation de diverses langues dans plusieurs communautés assez éloignées les unes des autres. L'observation y domine.

Le volume suivant sera entièrement consacré au Tchad. Bien que l'observation et la participation n'en soient pas absentes, la théorisation y tient une plus grande place.

Le troisième volume actuellement prévu sera dominé par la participation (elle-même basée sur l'observation) puisqu'il répond à une demande exprimée dans le cadre d'un programme de linguistique appliquée interafricain (projet LETAC : LExiques Thématiques d'Afrique Centrale).

Jean-Pierre CAPRILE

SITUATION SOCIOLINGUISTIQUE DU TCHAD : APPROCHES

A. APPLICATION DE QUELQUES RÉVÉLATEURS
B. LES FONCTIONS DE L'ÉCOLE OCCIDENTALE DANS LE CONTEXTE SOCIOLINGUISTIQUE DU TCHAD

par Francis JOUANNET

La présentation de cette étude en reflète sa genèse. Les deux années consécutives passées au Tchad n'ont pas été consacrées à la situation sociolinguistique du pays mais à l'étude d'une langue, le kanembou (Cf. bibliographie). Les résultats ici rapportés, issus de notes éparses, prises souvent sans aucune ligne directive s'en ressentent. Outre qu'ils gagneraient à être approfondis, ils ne sont pas toujours rigoureusement présentés. Pour exemple, la liaison entre les deux grandes partie A et B n'est pas forcément très souple ainsi que l'achève - ment des chapitres qui les constituent. Le chapitre 2 de la première partie suggère une poursuite de l'étude qui ne peut être menée à bien que par un retour sur le terrain. La première partie est éclectique et c'est en ce sens que nous l'appelons "application de quelques révélateurs". Après avoir présenté les trois types de langues attestées au Tchad nous établissons leurs fonctions sociales à partir des groupes sociaux qui les utili - sent, des circonstances dans lesquelles ils sont employés et des contraintes qui pèsent sur leur choix. Pour l'ensemble de ces questions, nous nous sommes fortement inspiré des recherches menées par le Centre d'Etudes des Plurilinguismes (CEP-IDERIC-NICE. Cf. Bibliographie) dont le Directeur, Mr MANESSY G., a suggéré cette élaboration par ses questions sur la situation linguistique au Tchad. Par ailleurs, les discussions avec Mr Paul WALD du CEP ont toujours été fructueuses.

En ce qui concerne le chapitre sur les contraintes de choix des langues nous avons tiré le plus grand profit du "Question - naire sur les langues en contact" de J. THOMAS et J.P. CAPRILE

(Enquête et description des langues à tradition orale, Paris, SELAF, 1971).

Plus personnelles sont les recherches qui portent sur la catégorisation des groupes sociaux à partir des valeurs attribuées aux langues par les locuteurs (2ème chapitre, partie A.) et sur les fonctions de l'école occidentale (2ème partie).

Cette tentative de clarifier la situation sociolinguistique du Tchad doit permettre d'envisager une étude du français parlé qui nécessiterait néanmoins des enquêtes de terrain.

La rédaction de ce recueil a été possible grâce au stage offert par le Ministère de la Coopération*effectué dans le laboratoire du L.P. 3.121 du C.N.R.S. dont nous remercions le Directeur Mme THOMAS qui a accepté de le prendre en charge. Nous remercions aussi MM. BOUQUIAUX et CAPRILE qui ont bien voulu s'occuper de l'impression de l'ouvrage et qui nous ont donné un lieu de réflexion et d'échange dans la section 7 : "sociolinguistique, contacts de langues et français régionaux" du département Afrique.

Remercions enfin l'Université du Tchad qui nous a offert un cadre de travail sans lequel cette étude n'aurait pas vu le jour.

* Financé par le B.L.A.C.T.

A. APPLICATIONS DE QUELQUES REVELATEURS

<u>PRESENTATION DES LANGUES DU TCHAD</u>

1. Trois types de langues, officielle, véhiculaire et vernaculaire, définis par des fonctions spécifiques sont utilisés.
Nous présentons successivement ces trois types de langues. Puis, avant d'examiner plus précisément leur spécification fonctionnelle, nous essaierons de montrer qu'il est possible de procéder à un découpage de l'environnement social, c'est-à-dire de distinguer des catégories ou groupes sociaux, à partir des valeurs sociales attribuées à ces langues par les locuteurs.

<u>Le français, langue officielle</u>

1.1.   Le français est la langue officielle employée à l'exclusion de toutes les autres dans les instances politiques, administratives, dans l'enseignement primaire, secondaire et supérieur.

Aucune politique n'a été mise en oeuvre jusqu'à présent visant à encou-
rager l'utilisation des langues nationales (vernaculaires ou véhicu-

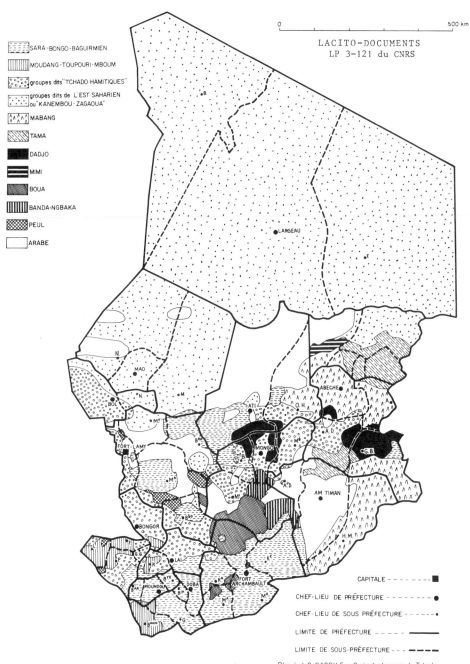

SARA - BONGO - BAGUIRMIEN

MOUDANG - TOUPOURI - MBOUM

groupes dits "TCHADO - HAMITIQUES"

groupes dits de L'EST - SAHARIEN ou "KANEMBOU - ZAGAOUA"

MABANG

TAMA

DADJO

MIMI

BOUA

BANDA - NGBAKA

PEUL

ARABE

LACITO — DOCUMENTS
LP 3-121 du CNRS

0   500 km

CAPITALE - - - - - - - - ■

CHEF-LIEU DE PRÉFECTURE - - - - - - - - ●

CHEF-LIEU DE SOUS PRÉFECTURE - - - - - - ●

LIMITE DE PRÉFECTURE - - - - -

LIMITE DE SOUS-PRÉFECTURE - - - ▬▬▬▬

D'après J.-P. CAPRILE : «Carte des Langues du Tchad»,
in *Atlas Pratique du Tchad*, Paris · Fort-Lamy, 1971,
pp. 36-37. .

LES GROUPES LINGUISTIQUES DU TCHAD.

laires) dans l'administration et les écoles.[1] Seule une tentative
d'alphabétisation fonctionnelle est envisagée dans le sud du pays.[2]

1. 2. Les langues véhiculaires.

Il existe plusieurs langues véhiculaires : l'arabe, le baguirmien ou barma, et le sara dont la fonction véhiculaire est discutée.

L'arabe véhiculaire.

L'arabe véhiculaire est une variété des multiples dialectes arabes que nous situerons géographiquement lors de l'examen des vernaculaires.

Il y a, semble-t-il, un continuum entre les divers vernaculaires et
les diverses variétés véhiculaires.

Ces variétés véhiculaires, instables, pourraient être définies par
rapport aux vernaculaires. On peut émettre l'hypothèse qui naturellement
demanderait à être vérifiée que l'arabe véhiculaire, outre un certain
nombre de variables (liées au substrat, au milieu urbain ou rural) varie
en fonction du vernaculaire arabe le plus proche. Ainsi l'arabe véhiculaire parlé dans le Salamat (sud est du pays) et dans le sud du Ouaddaï
(est du pays) a de fortes chances d'être différent de celui parlé dans
le sud-est du Kanem (Centre Ouest du pays) ou dans le Chari-Baguirmi (Ouest).

Il est possible par ailleurs de rencontrer en milieu urbain, dans la
capitale, une variété véhiculaire disparate, langue marginale, dite de la
rue ou encore "langue bandit" dont il conviendrait de savoir si elle s'ins-
crit dans un continuum hiérarchique coiffé par les variétés d'arabe vernaculaire. Cette variété très instable et très peu développée concerne essentiellement les enfants des écoles primaires dont la scolarité est irré-
gulière.

---

1. L'arabe est cependant enseigné dans le secondaire et le supérieur
   comme langue étrangère ayant le même statut que l'anglais ou le
   russe.
2. Cf. Annales de l'Université du Tchad, 1976, numéro spécial
   "Eléments pour une orthographe pratique des langues du Tchad", p.93-104.
   Cf. BOUKAR SELIM, 1977, "Politique linguistique au Tchad" in Les Langues
   nationales, revue Agence de coopération culturelle et technique, n° 31,
   février, p.15-17.

1. 3.Entre l'arabe classique et les parlers arabes vernaculaires, il semblerait qu'il y ait un rapport de discontinuité linguistique en ce sens qu'ils sont des variétés spécifiques définis par des fonctions propres et autonomes.

Les fonctions sociales de l'arabe classique concerneraient le domaine de l'enseignement, de la politique internationale (pays arabes) et seraient considérées comme supérieures dans l'échelle des valeurs sociales par rapport à celles des variétés d'arabe vernaculaires et véhiculaires marqués par des fonctions perçues comme étant inférieures, concernant la communication dans la vie quotidienne.

1. 4. Le domaine d'extension de l'arabe véhiculaire concerne la région de i'est, soit du sud au nord : le Salamat, le Ouaddaï, le Biltine, au centre la région du Batha et à l'ouest une grande partie du Chari - Baguirmi.

Il est peu utilisé dans le nord, B.E.T. (Borkou, Ennedi, Tibesti) et le Kanem.

Son extension est en train de gagner progressivement le Mayo-Kébi, le nord de la Tandjilé et le Guéra.

1. 5. Les influences de l'arabe et de l'Islam qui ne sont pas nécessairement simultanées, l'une pouvant précéder l'autre, sont anciennes. Mauny[1] rappelle que "du VIIe jusqu'au XVe siècle, les Arabes eurent le monopole presque absolu des contacts avec l'Afrique Noire" et note que l'existence des grands Etats du Mali, du Songhaï et du Kanem-Bornou est liée "à l'Islam et aux Arabes en dernier ressort" (p.185)

Cette influence se retrouve dans certaines langues à travers les emprunts à l'arabe.

Pour le kotoko (langue tchadique) et le kanembou (langue de l'est saharien), nous avons le pourcentage suivant d'emprunts à l'arabe.

---

1. Mauny, R., 1970, Les siècles obscurs de l'Afrique Noire, ed. Fayard.

	KANEMBOU	KOTOKO
Nombre total d'unités lexicales recensées	1600	1700
Nombre total d'emprunts supposés	321	296
Emprunts d'origine arabe	113	122
Pourcentage par rapport à l'ensemble des unités lexicales	7%	7%
Pourcentage par rapport au nombre total d'emprunts	35,1%	41,2%

1. 6. Cette influence arabe[1] a très souvent été tragique, marquée par "l'hémorragie effroyable qu'ont causées les "guerres saintes" euphémisme masquant l'esclavagisme musulman qui du VIIe au XXe siècle fut tout aussi meurtrier que la traite européenne du XVe au XIXe siècle". (Mauny, Ibid., p.185).

Dès lors, sans vouloir remettre en cause l'influence incontestable de l'arabe au cours de ces siècles, on peut se demander si les rapports belliqueux entre Arabes -ou de façon générale entre musulmans- et animistes ont joué un grand rôle dans les échanges linguistiques en regard de la progression incessante de l'arabisation et de l'islamisation dans le pays depuis que la paix y a été instaurée au début de ce siècle.[2]

---

1. Sur les Arabes du Tchad, cf. ZELTNER, J.C., 1970, Histoire des Arabes sur les rives du lac Tchad, Annales de l'Université d'Abidjan, série F., tome 2, fascicule 2.
2. JAULIN, R., 1971, La mort sara, V.G.D. Bourgois, n° V.542-543-544, note ce travail d'érosion "pacifique" : "Il est connu qu'en brousse l'Islam ne s'oppose pas aux systèmes traditionnels mais les "grignote" lentement ; en quelques régions du Tchad, où jadis était pratiquée l'initiation, les maîtres de ces rites ont cédé la place aux marabouts." (p.224).

Plus que la guerre, contrairement à un préjugé trop commun ainsi que le note Guiraud [1] la paix est un facteur fondamental dans les échanges linguistiques.

LES AUTRES VEHICULAIRES.

Nous sommes très peu informés sur la fonction de ces langues ; aucune investigation n'ayant été entreprise à ce jour dans cette perspective.

---

1. GUIRRAUD, P., 1971, Les mots étrangers, P.U.F., p.9.
   WESTERMANN, D., 1937, Noirs et blancs en Afrique, Paris, Payot, relève la fonction de la paix européenne :

   "Le besoin d'un langage commun, à larges possibilités, s'est fait sentir de façon plus aiguë quand le blanc est arrivé en Afrique et y a établi des relations paisibles entre les peuples. Rien n'a plus contribué à répandre le souahéli, le haoussa, le mandingue et le zoulou que la pénétration européenne" p.195 Cf. aussi p. 219.

   LE ROUVREUR, A., 1962, Saharien et Sahélien du Tchad, Paris, Berger Levrault, note le même processus.

   "C'est tout simplement le pasteur arabe qui a rempli ce rôle (répandre l'Islam) et qui a propagé la nouvelle religion au hasard des pérégrinations de son troupeau. Aucune violence, aucun prosélytisme bien entendu, mais la seule valeur de l'exemple. Loin d'être freinée par la présence française, la contagion de l'Islam s'est au contraire accélérée depuis cinquante ans. Il a fallu la paix pour que le nomade puisse, sans risquer sa sécurité, s'avancer loin au sud à la recherche de nouveaux terrains de parcours ; il a fallu la paix surtout pour favoriser l'essor et la multiplication des marchés qui provoquent les contacts entre pasteurs et paysans.

   .... Comme c'est la règle, la langue arabe s'est répandue en même temps que l'Islam..." p.58.

   Remarquons par ailleurs que la fonction des langues véhiculaires n'est pas simplement de permettre l'intercompréhension entre locuteurs ayant des langues différentes mais aussi de véhiculer une religion, l'Islam ; ceci est vrai pour l'arabe, le swahili, le haoussa et le mandingue, quatre des principales langues d'Afrique.

1. 7. "Le sara commun" ou sara.

CAPRILE, J.P. [1] définit ainsi le sara commun :

"L'ensemble des langues sara assez homogène (Kokongar, 1971, p.31-37, et CAPRILE, 1972, fasc.1.) [2] prédominant dans le sud du Tchad, tend à gagner vers le nord dans les préfectures du Moyen-Chari, de la Tandjilé, du Logone Orientale, du Logone Occidental et probablement du Mayo-Kébbi. Une forme de "sara commun" se développe à partir des différents parlers du groupe, surtout en milieu urbain. Le phénomène n'est pas sans rappeler la formation du sango à partir d'un ensemble de langues appartenant toutes au même groupe". (p.31)

Il convient de noter qu'il y a une relative intercompréhension entre la plupart des locuteurs de n'importe quelle langue sara [3]. Le "sara commun" n'apporterait qu'une uniformisation des langues du groupe. En aucun cas, cette uniformité ne peut être tenue pour le critère essentiel de la fonction véhiculaire de cet ensemble de langue.

La question reste posée de savoir si le sara est utilisé non plus dans des relations intra-sara mais interethniques. La chose n'est pas du tout acquise en brousse où un travail de recherche s'impose. Dans la capitale, une enquête rapide et parcellaire, qu'il serait nécessaire d'approfondir, sur l'utilisation des langues au marché, montre que l'arabe est le plus souvent utilisé.

1. 8.

- Entre un Kanembou et un Arabe : la communication s'effectue en arabe.

- Entre un Kanembou et un Sara : en arabe, en français si le Sara ne connaît pas l'arabe, emploi de quelques mots sara.

---

1. CAPRILE, J.P., 1976, Situation respective du français et des langues africaines en Afrique Centrale (R.C.A. et Tchad), Annales de l'Université du Tchad, numéro spécial, p.29-45.
2. KOKONGAR, G.J., 1971, Introduction à la vie et à l'histoire précoloniale des populations sara du Tchad. Thèse pour le doctorat de 3e cycle, Paris Centre d'Etudes Africaines, Université de Paris I, 275 p.
   CAPRILE, J.P., 1972, Etudes et documents sara-bongo-baguirmiens, Thèse pour le doctorat de 3e cycle, Paris, Université René Descartes, 480 p.
3. CAPRILE, J.P., et FEDRY, J., 1969, Le groupe des Langues "sara" (République du Tchad), Afrique et Langage, Archives Linguistiques n° 1. Ensemble de documents présentés par les auteurs cités.

- Entre un Kanembou et un Boulala : en arabe.
- Entre un Kanembou et un Hadjeray : en arabe.
- Entre un Arabe et un Sara : en arabe, en français, emploi de quelques mots sara.
- Entre un Arabe, un Boulala ou un Hadjeray : en arabe.
- Entre un Sara et un Hadjeray ou un Boulala : en arabe.
- Entre en Boulala et un Hadjeray : en arabe, alors qu'il semblerait qu'ils communiquaient autrefois en boulala ou dans une des langues du pays hadjeray.

Il apparaît donc que l'arabe est toujours utilisé. Aucune autre langue n'est parlée si ce n'est le français utilisé par les Sara (rarement au demeurant) comme substitut de l'arabe.

La fonction véhiculaire du sara reste à démontrer. Remarquons que le nombre important de locuteurs Sara, 900 000, par rapport au nombre d'habitant, 4 000 000, n'implique pas une fonction véhiculaire des langues du groupe sara ou du sara commun si celles-ci sont unifiées.

La véhicularité d'une langue vernaculaire n'est donc pas simplement liée à l'importance numérique de ses locuteurs. Le nombre d'arabes 350 000, représentant un ensemble beaucoup moins important que celui des Sara, en apporte la preuve.[1]

1. 9. Le baguirmien.

Nous avons encore moins d'information concernant le barguirmien véhiculaire. Sa zone d'extension se situerait dans le Chari-Baguirmi (Centre ouest du pays) qu'il partagerait donc avec l'arabe véhiculaire attesté lui aussi dans cette région.

La région du Chari-Baguirmi[2] est certainement la plus riche en

---

1. Cf. CAPRILE, J.P., 1977, "L'importance d'une langue peut-elle se mesurer au nombre de ses locuteurs ?" Communication au IXeme Colloque International sur le Soudan Central, Khartoum, 1977.
2. Le Chari-Baguirmi est une région frontalière entre ce que H. BAUMANN et D. WESTERMANN, (1948, ed. 1967, Les peuples et les civilisation de l'Afrique, Paris, Payot) appellent deux cercles de civilisation, le Soudan Oriental et le Soudan Centrale (pages 89 et suiv., p. 287 et suiv.), le premier ayant subi l'influence des nomades arabes soudanais et l'autre celle des Peuls, nomades eux aussi.

contact de langues. En effet, deux des quatre macro-familles de GREENBERG y son représentées.

Il s'agit des familles Afro-Asiatique et Nilo-Saharienne.

F = famille
G = groupe
S.G. = sous-groupe.

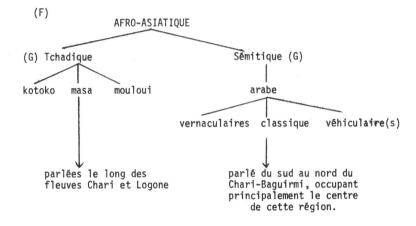

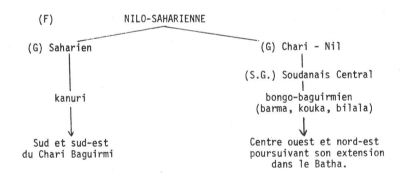

1. 10 A ces deux familles, il faut ajouter les langues du groupe boua dans le sud de cette région, dont on ne sait à quelle famille linguistique elles se rattachent.

Enfin, le foulfouldé dans le sud et le sud-est dont l'usage dans cette région est relativement ancien (région sud et sud-est du Chari-Baguirmi). Notons aussi que la capitale du pays, N'Djaména, qui se trouve dans le nord de cette région rassemble la quasi totalité des langues parlées au Tchad.

1. 11. Il n'est donc pas douteux que cette région constitue un champ particulièrement propice aux transactions linguistiques.

De fait, le groupe des vernaculaires baguirmiens du nord-est se trouvent pris dans un étau entre les arabes vernaculaires du Batha et ceux du Chari-Baguirmi tandis que celui du centre ouest se trouve isolé entre les langues tchadiques et les divers arabes.

Les rapports de force entre ces deux groupes, baguirmien et arabe, suivant les micro-régions au sein de cet ensemble complexe, favorisent très certainement l'emploi interethnique de l'une des deux langues. L'intérêt d'une étude portant sur cette région serait de rechercher s'il y a effectivement concurrence entre deux langues véhiculaires et si l'une d'entre elle n'a pas tendance à phagocyter l'autre. Les phénomènes d'arabisation dont parle CAPRILE, J.P., et DECOBERT, C., [1] permettent d'envisager l'hypothèse d'une tendance à la domination de l'arabe sur le baguirmien.

---

1. CAPRILE, J.P. et DECOBERT, C., 1976, Contact des cultures et création lexicale à partir d'emprunts à l'arabe et au français dans les langues du Tchad, Annales de l'Université du Tchad, numéro spécial, p.57-92. Ils font la distinction entre "... arabisation profonde, où l'ethnie perd sa langue et une arabisation seconde, où la personne adopte l'arabe en plus de sa langue". (p.67-68).
Dans cette perspective, on peut émettre l'hypothèse de l'évolution du répertoire verbal de certaine communauté, (les Babalia par ex. Cf. CAPRILE,J.P. et BOUQUET, C., 1974, Notes sur le berakou, langue en voix d'extinction des Babalia du Bas-Chari : XIe Congrès de la SLAD, Yaoundé) de la façon suivante :
Monolingue (langue vernaculaire) ⟶ bilingue (langue véhiculaire) + langue vernaculaire ⟶ monolingue (langue véhiculaire). Ce dernier cas correspond à l'arabisation totale, perte du vernaculaire premier, tandis que le véhiculaire devient aussi vernaculaire.

1. 12. Afin que l'étude des langues véhiculaires soient relativement complète, il nous faut rendre compte de l'influence des langues véhiculaires secondaires par rapport à l'arabe : le sango, le foulfouldé, le gorane (téda-daza), le kanembou. A l'exception du sango, ces véhiculaires sont aussi des vernaculaires.

1. 13. Le sango.

Le sango est parlé dans l'extrême sud du pays par les populations sara. Il était autrefois beaucoup plus parlé non seulement à cause de la proximité de la République Centrafricaine mais aussi grâce aux missions protestantes qui l'avaient transcrit et l'utilisaient au culte.

La volonté du gouvernement de la première république de limiter son expansion contribua à affaiblir son influence. Les missions protestantes n'utilisent plus le sango qui est aujourd'hui parlé essentiellement par les vieux, mais l'une des langues du groupe sara.

Cependant, dans le cadre d'une recherche sur l'ethnographie de la parole, il conviendrait de fixer les situations de communication dans lesquelles les locuteurs choisissent l'un des codes à leur disposition, le sango ou l'un des parlers sara.

1. 14. Le foulfouldé ("west-atlantic").

Le foulfouldé est parlé dans le sud-ouest du Mayo-Kébbi (sud-ouest du pays). Il est la langue de communication entre les Foulbé et les Moundang dont la langue appartient au sous-groupe adamawa du groupe niger-congo de la macro-famille Congo-Kordofanienne de Greenberg.

Les Tupuri qui appartiennent à la même famille linguistique que les Moundang et qui sont leurs voisins géographiquement ne parlent pas ou peu le foulfouldé, au moins au Tchad.

1. 15. Dans le nord du pays, les relations entre les Toubou d'une part et les Kanembou et les Arabes par ailleurs sont problématiques.

Il semblerait que l'arabe soit utilisé lorsque tous les autres possibilités de communication sont épuisées.

Dans le B.E.T. (Borkou, Ennedi, Tibesti), nord du pays, le problème ne se pose pas ou peu semble-t-il, dans la mesure où il s'agit du
pays toubou fort homogène. Dans le Kanem, il est nécessaire de faire la
distinction entre le nord (nord de Mao) et le sud.

1. 16. Dans le nord du Kanem, les populations en précense sont les
Toubou ou Gorane (dénomination arabe) : Téda, Daza, Krêda, puis les
Kanembou et les Arabes.

Il semblerait que la langue utilisée dans les échanges interethniques
soit le gorane que nous appelons ainsi, non seulement parce que les locuteurs appellent cette langue ainsi, mais aussi parce que nous ne sommes
pas en mesure de préciser de quel dialecte toubou il s'agit.[1]

Clanet, J.,[2] relève même un cas de désarabisation qui nous semble
intéressant car il n'est pas dans le sens de l'histoire du développement
linguistique tchadien, l'extension de l'arabe :

> "Au Kanem, certains groupes arabes parlent maintenant la
> langue des Goranes. Ce sont des Toujour de Mondo, des Hassaou-
> na entre Mondo et Méchimeri, des Ouled Sliman, des Chirebat,
> de trois fractions Hassaouna du 16e parallèle (Ouled Maliboud,
> Amkayr, Ammana)...
> Ils étaient "malwa" chez les Daza. Ce mot gorane veut dire
> "venants" ; il s'agit de vassaux qui venaient demander la mar-
> que aux Daza du Kanem (marque des animaux), et en revanche
> payaient un impôt sur le troupeau. Ces Arabes parlent gorane
> entre eux, ne savent pas la Fâtiha du Coran en arabe, ont adop-
> té la tente des Goranes, montent à chameau comme eux... Quand
> il y a jugement entre eux à Nokou, à Zigoï, à Rigrig... il
> doit avoir lieu en présence des chefs goranes."

---

1. Le toubou est un terme générique qui recouvre les dialectes du nord
   (région du Tibesti) : différents dialectes téda et du sud : dialectes
   daza ou encore krêda. Le terme toubou a été introduit par LUKAS, J.,
   et conservé par TUCKER et BRYAN.
2. Rapporté par CAPRILE, J.P., et DECOBERT, C., 1976, Annales de l'Université du Tchad, p.69-70.

1. 17. Dans le sud du Kanem, outre les populations du nord, on
trouve des Boudouma et des Kouri situés dans les îles du lac Tchad
et parlant des langues appartenant au groupe "tchadique" de la macro-
famille dite Afro-Asiatique de Greenberg.

Dans cette région et en particulier dans la préfecture du lac,
très peu de Kanembou parlent l'arabe, à l'exception des "goumiers" et
de quelques notables. Les Kanembou parlant l'arabe ont généralement vécu en milieu urbain, la capitale, ou ont été scolarisés ailleurs que dans
leur territoire.

A l'intérieur de cette aire, le Kanembou est la langue utilisée dans
les relations interethniques :

- Les Kouri et les Boudouma utilisent le kanembou dans leur rapport
avec, outre les Kanembou, les Goranes.
- Les Goranes contrairement à leurs "parents" du nord utilisent eux
aussi le kanembou.
- Il y a peu d'Arabes ; ils utilisent le kanembou ou le gorane.

L'utilisation d'un vernaculaire (kanembou ou gorane) comme langue
véhiculaire est déterminée par le territoire de l'ethnie. En terre gorane
l'emploi du kanembou comme langue interethnique est peu probable ; l'inverse étant vrai, l'emploi du gorane en terre kanembou est rare. Des territoires différents impliquent des langues véhiculaires différentes. C'est
là un fait qui peut être considéré comme antinomique avec l'une des caractéristiques d'une langue véhiculaire qui, précisément ne respecte pas nécessairement les frontières.[1]

---

1. Cependant, en ce qui concerne les Boudouma, leur adoption du kanembou
comme langue véhiculaire, peut s'expliquer par le phénomène religieux ;
LE ROUVREUR, 1962, Sahéliens et Sahariens du Tchad, Berger Levrault
note à ce propos :
    "En 1910, seuls parmi les Boudouma, quelques rares notables
    avaient embrassé l'Islam. Actuellement, tous les Boudouma,
    sans aucune exception sont musulmans. Ce sont les fakis,
    kanembou et kanouri qui ont apporté la nouvelle religion ; il
    en est qui ont pris femme chez les Boudouma et se sont instal-
    lés parmi eux". (p.236)

Si l'hypothèse d'un lien entre islamisation et adoption de la langue
des prosélytes se vérifie, la fonction véhiculaire du kanembou pourrait être ainsi datée.

Le particularisme de ces deux langues véhiculaires liées à des territoires ethniques peut être un élément pour nous faire considérer le kanembou et le gorane comme des langues véhiculaires secondaires ou régionales. On ferait donc la distinction entre langues véhiculaires principales (arabe) et secondaires (foulfouldé, kanembou, gorane, baguirmien) qui nous amène à poser une dichotomie plus précise.

- langues véhiculaires micro-interethniques (pour quelques ethnies deux ou trois dans les exemples du Tchad).
- langues véhiculaires macro-interethniques (pour de nombreuses ethnies).

LES VERNACULAIRES.

1. 18. Une carte des langues du Tchad a été établie par CAPRILE, J.P., [1]

Les langues parlées au Tchad se répartissent dans trois des quatre macro-familles de langues proposées par GREENBERG [2] : Nilo-Saharienne, Afro-Asiatique et Congo-Kordofanienne.

La quasi-totalité des langues du Tchad entre dans les deux premières. En ce qui concerne les langues de la famille Afro-Asiatique nous renvoyons au classement proposé par CAPRILE, J.P., et JUNGRAITHMAYR, H.[3] pour les langues dites tchadiques.

Pour l'arabe, appartenant à cette même macro-famille, il suffit

---

1. CAPRILLE, J.P., 1972, Carte linguistique du Tchad, Atlas pratique du Tchad, Institut National des Sciences Humaines, N'Djaména, p.36-37.
2. GREENBERG, J.H., 1966, Languages of Africa, 2nd revised ed., The Hague, Mouton Co.
3. CAPRILE, J.P., et JUNGRAITHMAYR, H., 1973, Inventaire provisoire des langues "tchadiques" parlées sur le territoire de la République du Tchad, Marburg, Africana Marburgensia VI,2.

de noter que les différents dialectes sont parlés dans le nord-est
du Biltine (est du pays), dans le Batha (centre du pays), dans le
Chari-Baguirmi (ouest du pays) et à l'ouest et nord-ouest du Salamat
(sud-est du pays).

Nous présentons un diagramme des langues du territoire du Tchad
appartenant à la famille Nilo-Saharienne qui en montre l'importance
dans ce pays.

Nous faisons explicitement référence à LUKAS[1], TUCKER et
BRYAN[2], GREENBERG[3] et CAPRILE[4].

1.19. Diagramme des langues de la famille Nilo-Saharienne
parlées au Tchad

1. LUKAS,J., 1936, The Linguistic situation in the Lake Chad area in
   central Africa, Africa, n°3, V.9., p.322-349.
2. TUCKER,A.N., et BRYAN,M.A., 1966, The Non-Bantu languages of North
   Eastern Africa, Handbook of African Languages, Oxford University
   Press for International African Institute.
3. GREENBERG,1966, ibid.
            1971, Nilo-Saharan and Meroitic, in Sebeok, ed. Current Trends
                  in Linguistics, V.7., Linguistics in Sub-Saharan
                  Africa, The Hague, Mouton, p.421-442.
4. CAPRILE,J.P., 1972, ibid.

DIAGRAMME DES LANGUES DE LA FAMILLE NILO-SAHARIENNE PARLEES AU TCHAD

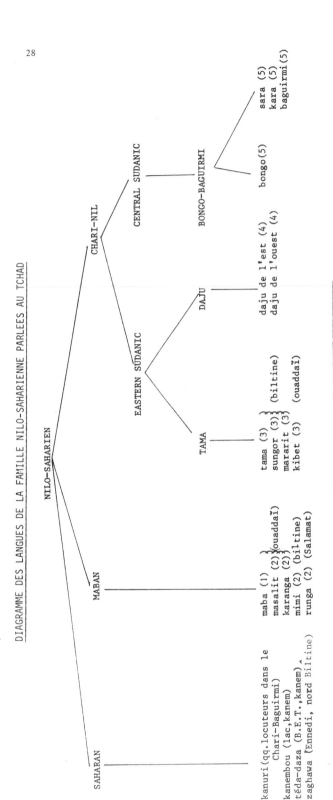

1. LUKAS,J., 1936, p.341-344. Cette langue est proche du kanuri par son phonétisme, par l'absence de genre, par l'ordre des mots dans la phrase.
2. GREENBERG,J.H., 1971, analyse les classements possibles de ces langues. Selon cet auteur le rounga serait un dialecte du maba. Il rappelle par ailleurs qu'il est nécessaire de distinguer le mimi de NACHTIGAL (XIXe siècle) qui, bien que relevé bien avant le premier, ne fut publié qu'en 1939, par LUKAS,J., et VOLKERS,O., G. NACHTIGAL'S Anfreizeichnungen über der Mimi-Sprache, Afrika und Ubersee Sprachen, Kulturen, Folge der ZES, Berlin. Le mimi de Gaudefroy Demombynes est plus proche du maba que celui du NACHTIGAL. Cf. p.426.
3. C'est TUCKER et BRYAN, 1966, qui font cette distinction.
4. Ibid. Le daju de l'est se situe à l'est du Ouaddaï. CAPRILE, 1972, situe celui de l'ouest dans le nord du Guéra en pays hadjeraï.
5. Ces langues sont parlées dans le Chari-Baguirmi, dans le sud du Guéra, et dans le sud du Tchad : Logone occidental et oriental, Moyen-Chari.

1. 20. Les langues de la macro-famille congo-kordofanienne appartiennent toutes au sous groupe "adamawa oriental" du groupe niger-congo.
Il s'agit :

- dans le Mayo-Kébi : moundang, tupuri (1) (sud-ouest du pays).
- dans le sud-ouest du Logone Occidental : le mboum (sud-ouest
  du pays).

1. 21. Quelques langues demeurent qui ne sont rattachées à aucune
famille.

- le kim parlé à l'est du Mayo-Kébi, sud-ouest du pays. (2)
- les langues du groupe boua parlé au sud du Guéra et au
  nord du Moyen-Chari (3).
- le day parlé à l'ouest du Moyen-Chari, sud du pays dans la
  région de Koumra et de Moïssala.

Il pourrait y avoir trois dialectes day :

- le /ngàlô/   région de Moïssala
- le /búnà/   vers la frontière centre africaine
- le /bàngúl/   entre Bedjondo et Koumra.

Il y a intercompréhension entre les locuteurs de ces trois régions. La
langue day demeure "énigmatique" en ce sens qu'elle est enclavée dans
l'aire sara et qu'il n'y a pas intercompréhension entre locuteurs Day
et Sara.

Cependant, selon la plupart des locuteurs Day et Sara que nous avons
pu rencontrer, la communication est possible si les deux locuteurs ont
été initiés. (4)

---

1. Tupuri : étude en cours par RUELLAND, S.
2. Kim   : étude en cours par LAFARGE, F.
3. Groupe boua : étude en cours par BOYELDIEU, P.
4. JAULIN, R., 1971, La mort sara, Paris éd. Bourgois, coll. 10/18 /yo.ndo/
   c'est-à-dire la mort yo qui de fait est une renaissance (ndo : apprentissage).

Au cours de l'initiation, les candidats, outre l'apprentissage de danses, de chants et de techniques reçoivent une initiation linguistique qu'ils pourront utiliser plus tard.[1]

Ainsi la langue d'initiation peut être considérée comme une langue ayant un statut spécial.

FERGUSON (1970) a complété la liste des fonctions de STEWART (1968) par une fonction t, "jargon de traite". Dans le cas qui nous occupe la fonction t concernerait la fonction d'initiation.

Remarquons que la langue d'initiation est une langue secrète que les possesseurs n'entendent pas révéler. Mais l'usage "domestique" de cette langue n'entre pas en contradiction avec son caractère occulte puisque la communication en cette langue peut avoir lieu en présence de locuteurs non initiés ou de femmes.

L'usage de la langue d'initiation n'est pas secret. Seuls le demeurent son système et sa connaissance.

On peut se demander par ailleurs pourquoi ces deux groupes, Day et Sara, possédant deux langues bien différentes et vivant dans une autonomie bien marquée, (encore que les échanges se soient beaucoup plus développés ces dernières années) ont des pratiques "religieuses" et une langue d'initiation commune.

---

1. JAULIN, R., 1971, Op.cit. p. 150. "On se mit aussitôt à nous enseigner la langue secrète. Nous apprîmes d'abord les noms des diverses parties du corps, afin de rendre l'enseignement plus aisé les ko-ndo se servent de la langue civile. Il était normal que je demande à disposer des outils qui m'étaient familiers, du papier et un crayon. On en convint après quelques discussions, et on les envoya quérir dans mes bagages. Je fus bien aise, une heure plus tard, de pouvoir consigner quelques mots de la langue secrète des événements survenus jusqu'alors. Ngakoh et Moh furent satisfaits de mon application et ne trouvèrent pas nécessere de dégourdir mes facultés par des coups de chicotte."
p.156-157. "Mon informateur /...7 n'avait qu'un goût limité pour l'enseignement de la langue secrète ; comme il était seul capable de me fournir une traduction correcte des termes abstraits ou de m'énoncer des règles grammaticales et syntaxiques, mes progrès s'en ressentaient."

VALEURS ATTRIBUEES AUX LANGUES.

2. 1. La séparation fonctionnelle entre ces trois types de langues est assez bien marquée.

La complémentarité s'établit entre le français, langue politique des sciences, de l'enseignement, de l'administration (caractère officiel) et les langues africaines couvrant un champ plus spécifiquement local.

Au sein de ce dernier s'établit une complémentarité entre les langues véhiculaires et les langues vernaculaires.

2. 2. La discontinuité entre le français, langue officielle et l'arabe véhiculaire et les vernaculaires est solidement enracinée dans et par les représentations sociales des usages linguistiques dans le pays. Ces représentations consistent à établir un système hiérarchique des valeurs attribuées à ces trois types de langues.

Elles varient de façon générale selon la religion qui opère de ce point de vue un partage entre musulmans et non musulmans.

La représentation des valeurs attribuées aux langues permet de distinguer trois types de langues chez les musulmans et deux chez les non musulmans.

2. 3. Valeurs attribuées aux langues dans le monde musulman.

- "langue prestigieuse"   le français { "le grand français"
                                          { "le petit français"

- "langue semi-prestigieuse"   l'arabe { "arabe véritable"
                                                                              (vernaculaire)

                                                                              "arabe de n'importe qui
                                                                              ou de tout le monde"

- "patois"   vernaculaire

2. 4. Valeurs attribuées aux langues dans le monde non-musulman.

- "langue prestigieuse"   le français { "grand français"

                                                                      "petit français"

- "patois"   véhiculaire
                                                vernaculaire.

2. 5. Le français est unanimement reconnu comme langue prestigieuse.

Les non-musulmans assimilent l'arabe véhiculaire et les vernaculaires dans une même catégorie définie négativement ("patois") par
rapport à la langue prestigieuse. Cette représentation binaire
des valeurs attribuées aux langues est en voie de disparition avec
l'influence grandissante de l'arabe en direction du sud du pays.

En dépit de certaine réticence chez les non-musulmans à
l'égard de l'arabe, cette langue pourrait devenir assez rapidement
"langue moyenne" et être investie d'un certain prestige différent
toutefois de celui attribué au français. Cette évolution est liée
au problème de l'emploi du français dans le sud. Si le français
demeure circonscrit dans ses fonctions de langues officielles, utilisées
dans des situations formelles (administration, école) l'arabe
n'aura aucune difficulté à s'étendre, étant déjà enraciné dans la
vie quotidienne de nombreuses régions, comme langue de commerce,
de transactions diverses.

L'opposition à l'arabe véhiculaire d'un sara commun n'est
plausible que si ce dernier avait une influence réelle sur les
zones frontalières à son aire d'extension (Mayo- Kébbi, Tandjilé,
Sud du Guéra, Salamat). Cela reste à démontrer et nous semble difficile
au moins pour la région du Moyen Chari frontalière au Salamat.
Il n'est pas rare en effet d'y rencontrer des Sara-Kaba islamisés
et quelquefois entièrement arabisés.

2. 6. Nous reviendrons plus précisément sur la distinction entre
deux français, "le grand français" correspondant à la norme locale
et "le petit français" proche du sabir ; ainsi que sur la distinction entre "le véritable arabe" correspondant aux dialectes d'arabe
vernaculaire et l'arabe de "n'importe qui" ou "de tout le monde"
marquant ainsi par ce dernier trait,l'importance de l'arabe
véhiculaire.

2. 7. Remarquons que les deux types de représentations, celle
des musulmans et celles des non-musulmans ont leur source dans
la représentation sociale des "blancs" de la situation linguistique
de leur propre pays. La dichotomie entre le français et les langues
régionales dévalorisées au rang de patois, a été parfaitement intégrée par les communautés africaines.

2. 8. Il est possible de systématiser ces données en distinguant
les trois types de langues par trois traits (supérieur, inférieur,
moyen) qui sont de fait les valeurs que leur attribuent les locuteurs.
Chaque type se définit ainsi :

	officielle	véhiculaire	vernaculaire
Sup.	+	−	−
Moy.	−	+	−
Inf.	−	−	+
	français	arabe	

VALEURS SOCIALES DES LANGUES ET CATEGORISATIONS DES GROUPES SOCIAUX.

2. 9. La systématisation des groupes sociaux à partir des
valeurs sociales attribuées aux langues en est à coup sûr une sim-
plification. Mais elle permet au moins d'éviter la tendance à
plaquer un système de "classes" sociales qui n'est pas toujours
en adéquation à la réalité et a l'avantage de fournir un ensemble
de données issues de la réalité et non plus de l'imagination du
descripteur.

Il est certain par ailleurs que ces premiers documents peuvent
être affinés et remis en cause par l'analyse. Car il ne s'agit pas
non plus de "fétichiser" les informations produites par les locuteurs
qui peuvent très bien entrer en contradiction avec d'autres obser-
vations. La réinterprétation des informations n'est donc pas inter-
dite pour autant.

2. 10. L'utilisation des trois types de langues par différents
groupes sociaux jugés représentatifs des structures économiques et
sociales du pays permet de les catégoriser en fonction du système
des valeurs précédemment établi.

Les groupes sociaux sont hiérarchisés en trois classes, supérieure,
moyenne, inférieure, suivant l'utilisation des types de langues.
A partir des matrices précédentes (supra. 2.8.) seront considérés
comme appartenant à la classe supérieure par exemple les individus
parlant uniquement le français.

Ainsi les langues qui étaient caractérisées par des traits
issus des représentations collectives deviennent à leur tour des
traits qui définissent des groupes sériés en trois classes, supérieure,
moyenne, inférieure.

Chaque classe sociale est donc caractérisée ainsi :

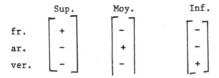

2. 11. Chaque classe est marquée par un signe positif et deux signes négatifs. Cette restriction de l'utilisation des langues est absolument arbitraire en regard de la réalité. Il n'est pas rare, en effet, de rencontrer un locuteur appartenant à la classe supérieure utiliser l'arabe ou sa langue maternelle. Ces classes, dans l'immédiat, ont donc une valeur heuristique.

En ce sens, les matrices caractérisant chaque classe doivent être considérées comme une des réalisations possibles pour chacune des classes. On pourra ainsi trouver en ce qui concerne la classe supérieure par exemple la réalisation $\begin{bmatrix} + \\ + \\ - \end{bmatrix}$ attestées réellement.

Les traits caractérisant chaque classe posée initialement représentent donc les stéréotypes de celles-ci issus des représentations sociales collectives. L'excès apparaît mieux si l'on présente la classe ainsi :

- celui qui parle toujours le français est à situer dans la classe supérieure.

- celui qui parle toujours l'arabe dans la classe moyenne.

- celui qui parle toujours un vernaculaire dans la classe inférieure.

2. 12. La confrontation des matrices "standard" (un signe positif et deux négatifs) aux matrices données par la corrélation entre les groupes sociaux (pertinents économiquement et socialement) et les langues qu'ils utilisent nous permettra d'introduire certaines réalisations.

L'ensemble de ces réalisations sera confronté aux réalisations
possibles.

2. 13. Corrélation entre les groupes sociaux et les langues
qu'ils utilisent.

	gens de la terre	commerçants	nomades et semi-nomades	scolarisés et fonc-tionnaires	élites
français	-	-	-	+	+
arabe	$\frac{-}{+}$	+	$\frac{-}{+}$	+	$\frac{-}{+}$
vernaculaire	+	+	+	+	$\frac{-}{+}$

2. 14. Nous examinons chaque groupe social et essayons de voir
dans quelle classe il se situe.
Un premier partage s'opère entre ceux qui utilisent le français et
les autres qui nous permet d'opposer la classe supérieure aux deux
autres. Nous examinons les groupes sociaux s'intégrant dans la classe
supérieure puis nous envisagerons les rapports entre la classe
moyenne et la classe inférieure soit la répartition des groupes
sociaux à l'intérieur de ces deux classes.

2. 15. La classe supérieure.

Cette classe rassemble les groupes des scolarisés, des
fonctionnaires et des élites qui y ont été intégré par leur trait
/+7 français.

Les matrices caractérisant ces groupes sont différentes de celles

posées initialement. Elles doivent être considérées comme les
réalisations d'une même classe supérieure, pertinentes socialement.

Si les matrices attestées caractérisent certain type de
groupes sociaux, il n'est pas douteux de penser que la matrice
posée initialement $\begin{bmatrix} + \\ - \end{bmatrix}$ en caractérise un sensiblement différent
et qu'il existe d'autres matrices représentant des réalisations
différentes d'une même classe.

2. 16. Nous présentons l'inventaire des réalisations et carac-
térisons ainsi les différents groupes sociaux attestés dans la
classe supérieure.

La classe supérieure est caractérisée par quatre catégories
sociales :

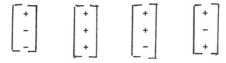

L'intérêt de la catégorisation d'une classe est de ne pas assimiler
arbitrairement deux groupes sociaux tel que cela apparaît dans le
tableau où les scolarisés et les élites ont le même trait.

2. 17. La matrice $\begin{bmatrix} + \\ - \end{bmatrix}$, posée initialement, caractérise
un groupe très restreint de locuteurs qui se situent explicitement
au sommet de la classe supérieure.

L'impossibilité de s'exprimer dans un vernaculaire ou dans le
véhiculaire permet à n'importe quel interlocuteur en présence de
situer ce type de locuteur dans la catégorie des lettrés supérieurs.
L'acculturation par rapport aux langues spécifiquement locales est
explicitement valorisée en référence au statut qu'il procure.

On comprend mieux les contradictions que l'on rencontre chez ce type
de locuteur :

    - il est poussé par son milieu à faire des études qui engendrent
la négation de sa communauté d'origine (pas systématiquement d'ailleurs).

    - il est poussé par ses études ou certaines idéologies à
retourner vers certaines valeurs traditionnelles ou "authentiques",
négation de la valorisation de son statut.

L'opinion générale est d'ailleurs tout aussi contradictoire. En
effet, la valorisation de l'étude poussée jusqu'à l'utilisation
exclusive du français est perçue comme l'un des signes les plus
évidents d'une rupture d'identité culturelle avec le monde africain.
Le Président Senghor n'est pas perçu comme africain.

2. 18. La matrice $\begin{bmatrix} + \\ + \end{bmatrix}$ caractérise la plupart des locuteurs intégrés
dans la classe supérieure.

La possession du véhiculaire est liée au degré d'urbanisation.
Toute personne ayant résidé quelques mois dans la capitale sait
s'exprimer en arabe ou au moins échanger quelques mots nécessaires
dans la communication quotidienne.

2. 19. La matrice $\begin{bmatrix} + \\ + \end{bmatrix}$ caractérise soit des scolarisés du
sud du pays qui n'utilisent pas l'arabe comme langue de communication
interethnique, fait très rare, soit un certain type d'élite
qui n'utilise que le français lorsqu'il n'est pas dans son milieu
ethnique.

En aucun cas elle ne caractérise les fonctionnaires de la
capitale qui eux parlent très souvent l'arabe.

2. 20. La matrice $\begin{bmatrix} + \\ + \end{bmatrix}$ caractérise un groupe fortement
urbanisé et en même temps en rupture avec son ethnie d'origine.
Ce fait n'est pas systématique (cf. matrice $\begin{bmatrix} + \\ + \\ + \end{bmatrix}$) car l'utilisation

de l'arabe n'exclut pas la pratique de sa langue maternelle,
chaque locuteur pouvant être en contact avec son ethnie au sein
même de la capitale [1].

La rupture avec l'ethnie d'origine en milieu urbain est en
général la conséquence des mariages interethniques.

2. 21. Classes inférieures et classes moyennes.

La frontière entre la classe moyenne et la classe inférieure
définie à partir des représentations sociales des valeurs attribuées
aux langues est beaucoup moins nette.

Cela s'explique par le nombre de catégories possibles pour le
nombre de classes. Il existe trois (2) réalisations possibles :

$$\begin{bmatrix} - \\ - \\ + \end{bmatrix} \quad \begin{bmatrix} - \\ + \\ + \end{bmatrix} \quad \begin{bmatrix} - \\ + \\ - \end{bmatrix}$$

pour deux classes possibles.

2. 22. Cette situation peut s'expliquer de deux façons :
        - La frontière entre ces deux classes est difficilement
discernable.
        - La répartition en trois classes selon les valeurs
attribuées aux langues est trop grossière.

2. 23. La première explication est confirmée par la distinction
que font les élèves d'un cours moyen entre "grands travaux " et
"petits travaux" [3].

---

1. La capitale est structurée en quartiers. Chaque quartier caractérise
   une ethnie différente. Il est donc aisé de faire le plan ethnique
   de la ville.
2. La quatrième réalisation possible 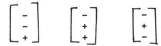 ne caractérise que les muets,
   les Soviétiques, les Américains et plus rarement les Chinois.
3. Extrait de "Tchad et Culture", n°88, Novembre 1975,p.7.
   Ce classement est rapporté par un instituteur tchadien.

"Grands Travaux"	"Petits Travaux"
Président	Chauffeur
Ministre	Infirmier
Préfet	Moniteur
Député	Garde National
Ambassadeur	Gendarme
Juge	Secrétaire cantonal
Sous-préfet	Policier
Directeur	Cuisinier
Professeur	Maître du C.E.P.T.
Chef de Brigade	Soldat
Journaliste	Maître d'école
Général	Cultivateur
Agent acheteur	Manoeuvre
Chef de Canton	Peseur.

Les métiers constituant le paradigme "Grands travaux" relèvent
incontestablement de la classe supérieure.
Le paradigme "petits travaux" n'est pas aussi homogène. Les élèves
ne font pas de distinction entre les métiers relevant de la classe
inférieure (cultivateur) et ceux concernant la classe moyenne
(infirmier, maître d'école) manifestant par là les liens étroits
et les chevauchements qui existent entre ces deux classes.

2. 24. La deuxième explication est tout aussi pertinente que la
première et l'on peut émettre l'hypothèse qu'elles se complètent.

Cette explication n'est pas néanmoins une remise en cause du
système des valeurs attribuées aux langues. En effet, ces représentations sociales font la différence par ailleurs entre deux types
de français et deux types d'arabe.

Ainsi l'organisation des groupes sociaux en classes doit passer
par ces dernières distinctions, soit les différentes variétés d'une
même langue : "petit ou grand français", "véritable arabe" ou
"arabe de tout le monde".

2. 25. Si nous nous en tenons aux réalisations possibles et
que nous les confrontions aux données du tableau des usages
linguistiques selon les groupes sociaux (2.13), nous pouvons dire :

- que l'utilisation ou non de l'arabe est pertinente.

- que, les signes $\begin{bmatrix} - \\ + \end{bmatrix}$ pour une seule langue caractérisent des
cas particuliers d'emploi de l'arabe ; les gens de la terre et les
nomades ou semi-nomades entrent dans la même catégorie $\begin{bmatrix} - \\ - \\ + \end{bmatrix}$. Ce
n'est pas là un paradoxe. La différenciation entre ces deux groupes
est l'aptitude à imposer sa langue aux autres communautés
ethniques.

Cette matrice caractérise la classe inférieure. Elle s'oppose
à la classe moyenne qui possède deux réalisations possibles.

$$\begin{bmatrix} - \\ + \\ + \end{bmatrix} \quad \text{et} \quad \begin{bmatrix} - \\ + \\ - \end{bmatrix} .$$

La deuxième réalisation marque une catégorie de locuteurs n'ayant
plus de liens avec une communauté d'origine. Il est possible de
dire qu'il y a dans ces cas là adéquation entre langue vernaculaire
et langue véhiculaire, la langue véhiculaire étant simultanément
langue maternelle.

2. 26. Si nous faisons la synthèse des résultats obtenus, il
semblerait que la quantité de types de langues caractérisant virtuel-
lement une classe la situe au sommet ou au bas de la hiérarchie sociale.

une seule langue	classe inférieure.
deux langues	classe moyenne.
trois langues	classe supérieure.

Il s'agit là d'une analyse macro-sociolinguistique visant à cerner
l'organisation sociale à partir de l'utilisation des langues par
différents groupes sociaux en fonction du système de valeurs qu'ils
attribuent aux langues.

Cette analyse qui nous donne des résultats basés sur un critère
quantitatif doit être affinée et même remise en cause par la prise
en considération des distinctions entre deux variétés de français et
deux variétés d'arabe.

SPECIFICATIONS FONCTIONNELLES DES TROIS TYPES DE LANGUES.

3.1. Les langues en présence sont ici caractérisés selon trois points de vue :

- selon les attributs qui fondent le prestige d'une langue ; ces attributs sont ceux proposés par STEWART [1].

- selon leurs fonctions établies à partir de la typologie proposée par STEWART [1] et FERGUSON [2].

- selon les contraintes de choix des langues, c'est-à-dire selon l'articulation des règles d'usage à partir du modèle proposé par SANKOFF [3].

Pour l'ensemble de ces questions, nous renvoyons à l'article de WALD,P., et CHESNY,J.[4]

LES ATTRIBUTS QUI FONDENT LE PRESTIGE D'UNE LANGUE.

3. 2. Ils sont au nombre de quatre. Nous les présentons directement dans un tableau et nous les confrontons aux langues en présence. Puis nous les définissons et expliquons les signes plus ou moins affectés aux langues en fonction de ces quatre critères.

---

1. STEWART, W.A., 1968, A sociolinguistic typology for describing national multilingualism, in FISHMAN,J.A., ed., Readings in the sociology of language, The Hague, Mouton, p.531-545.
2. FERGUSON, C.A., 1966, National sociolinguistic profile formulas in BRIGHT, W., ed., Sociolinguistics, La Haye, Paris, Mouton, p.309-324.
3. SANKOFF, G., 1972, Language use in multilingual societies : some alternative approaches, in PRIDE et HOLMES, Sociolinguistics Selected Readings, Harmondwarth Penguin Book, p.33-52.
4. WALD, P. et CHESNY, J., avec la collaboration de HILY, M.A., et POUTIGNAT, P., 1974, Contexte et variabilité, notes sociolinguistiques, Bulletin du Centre d'Etude des Plurilinguismes,n°1,p.15-79.

3. 3.

	Français	Arabe Véhiculaire	Vernaculaire
Autonomie	+	-	+
Vitalité	+	+	+
Historicité	+	+	+
Standardisation	+	-	-

La langue sara [1] est ici considérée comme vernaculaire permettant de préciser la catégorie véhiculaire comme étant constituée d'une seule langue, l'arabe. Il ne s'agit pas simplement d'un procédé opérationnel. La fonction véhiculaire du sara n'a pas été démontrée.

3. 4. L'autonomie.

L'autonomie d'une variété réside dans le fait qu'elle constitue un système propre ayant ses règles propres. La variabilité constatée à l'intérieur de l'arabe véhiculaire ne permet pas de considérer celui-ci comme un système linguistique.

3. 5. La vitalité.

La vitalité est positive pour les trois types de langues car elles sont toutes des langues vivantes, parlées par des "native speakers".

---

1. "la langue sara" est un terme générique. De fait, il s'agit de l'une des langues sara.

3. 6. L'historicité.

Le critère d'historicité caractérise des langues qui ont une tradition historique.

L'historicité d'une langue n'est pas toujours reconnue par ceux qui la parlent. Elle est niée au profit de celle d'une autre langue plus prestigieuse. C'est souvent le cas chez les musulmans qui, parlant leur vernaculaire, reconnaissent dans l'arabe (langue véhiculaire) leur ancienne langue.

Ils s'approprient une origine yéménite et une langue, l'arabe, dont ils pensent l'avoir perdu au cours de leur pérégrination. Parfois ils considèrent que leur langue actuelle n'est qu'une transformation de la langue arabe qu'ils prétendent avoir parlée.

Préoccupées d'historicité, certaines ethnies s'approprient mythes et légendes, se créent des généalogies et "oublient" leurs propres traditions. Ce processus devient radical lorsqu'il s'étend à la langue. Si l'islamisation n'entraîne pas nécessairement l'arabisation, cela prouve au moins l'autonomie et dans une certaine mesure l'historicité des vernaculaires.[1]

Le prestige accordé à l'arabe à travers son historicité explique en partie les emprunts systématiques à cette langue que l'on rencontre dans les vernaculaires (Supra. 1. 5.).

3. 7. Standardisation.

Il s'agit de "la codification et l'acceptation, par une communauté de locuteurs d'un système formel de normes qui définissent

---

1. Ce qui signifie aussi que l'on perd plus facilement sa religion que sa langue.

l'usage correct"[1].

Le critère de la standardisation permet de différencier nettement les vernaculaires (/ - 7 standardisé) du français ([+] standardisé). L'arabe littéraire est standardisé mais jamais ou très rarement utilisé, si ce n'est à l'école comme langue étrangère enseignée.

L'arabe véhiculaire n'est pas standardisé . Les informations en langue arabe à la radio sont transmises par un locuteur arabe sans qu'il y ait eu choix d'un dialecte qu'on aurait posé comme variété standard.

3. 8. En conclusion, on peut dire que les critères de l'autonomie et de la standardisation d'une langue sont les traits pertinents qui fondent le prestige d'une langue au Tchad :

	Fr.	Ar.	Vern.
autonomie	[+	[-	[+
standardisation	[+	[-	[-

SPECIFICATION DES FONCTIONS SELON LA TYPOLOGIE DE STEWART ET FERGUSON.

3. 9. Il s'agit d'une enquête macro-sociolinguistique visant essentiellement à tracer les cadres fonctionnels dans lesquels chaque type de langues (officielle, véhiculaire et vernaculaire) s'inscrivent. Chaque type de langue est défini par une fonction ou un ensemble de fonctions.

On entend par fonction l'utilisation d'une langue, donc une

---

1. STEWART rapporté par FISHMAN, p.38-39, _Sociolinguistique_, 1971 ed. Nathan, Paris.

relation institutionnalisée entre les langues et les groupes sociaux qui les utilisent.

L'ensemble des fonctions d'une langue définissent son champ fonctionnel. Nous définissons le champ fonctionnel des trois types de langues à travers la grille proposée par FERGUSON et STEWART.

3. 10. Français : langue officielle (O)

– symbole (O)	: fonction de langue officielle utilisée dans toutes les activités ressortissant à l'Etat.
– symbole (i)	: fonction de communication internationale, concernant les relations entre Etats.
– symbole (C)	: fonction de communication dans la capitale nationale.
– symbole (e)	: fonction de langue d'enseignement.
– symbole (s)	: fonction de la langue enseignée comme matière de programme.
– symbole (1)	: fonction littéraire.
– symbole (r)	: fonction religieuse. Le français est en effet utilisé pour célébrer la messe (non systématiquement) et au catéchisme (1).

Soit la formule caractérisant le français d'après ses fonctions :

Fr = (O) loiesrc

3. 11. L'arabe : langue véhiculaire (W)

– symbole (w)	: "fonction d'une langue prédominante comme moyen de communication par delà les frontières linguistiques à l'intérieur d'une nation" (2) Il s'agit de la fonction de communication étendue ("wider communication") qui caractérise les langues véhiculaires (3).

---

1. Qui plus est, dans le cadre du Tchad, un "blanc" n'est pas simplement perçu comme ayant une langue propre, le français, mais aussi comme étant "nasara", possédant une religion et un dieu spécifique.
2. WALD, et al., 1974, Bulletin du C.E.P., n°1, p.58.
3. Nous renvoyons à ce qui a été dit précédemment à propos de l'arabe et de sa fonction véhiculaire (Supra, 1.2. à 1.6.).

- symbole (c) : fonction de communication dans la capitale
nationale. L'arabe partage cette fonction avec
le français.

- symbole (r) : fonction religieuse.

- symbole (g) : fonction de langue de groupe. L'arabe est en effet
langue vernaculaire de nombreux Arabes dit "du
Tchad".

Soit la formule :

$$\text{Ar} : (\text{W}) \quad \text{wgrc}.$$

3. 12. Les vernaculaires (V)

- symbole (g) : fonction de la langue de groupe, de communication
intraethnique.

Soit la formule :

$$V = g.$$

Remarque.

La fonction (r) concerne aussi certain vernaculaire ; la tendance
chez les missionnaires catholiques et protestants est d'utiliser
de moins en moins le français au profit des vernaculaires pour
l'évangélisation.

3. 13. Il est maintenant aisé de clarifier le champ fonctionnel
de ces trois types de langues.

	g	w	r	c	loies
français	–	–	+	+	+
arabe	+	+	+	+	–
vernaculaire	+	–	–	–	–

Nous avons regroupé plusieurs fonctions en une seule (1.o.i.e.s)
caractérisant globalement le français par opposition aux autres
types de langues. Un certain nombre de traits ou fonctions sont
redondants. Deux fonctions suffisent en effet à définir la pertinence des champs fonctionnels pour chaque langue.

Nous prenons comme fonctions pertinentes celles qui ne sont
attestées que pour une seule langue soit (loies) et (w).

	Fr	Ar	Vern.
Loies	+	−	−
W	−	+	−

(1)

Le choix des fonctions pertinentes est arbitraire et privilégie les
fonctions des langues prestigieuses : l'arabe, le français. La
fonction g aurait pu être retenue en opposition à w . Nous
aurions la même différenciation :

	Fr	Ar	Vern.
g	−	+	+
w	−	+	−

3. 14. Conclusion.

A partir des valeurs attribuées aux langues, de la standardisation et de l'autonomie qui fondent une hiérarchie des langues

---

1. Les fonctions [+ loies + w] caractérisent la langue que certaines
   élites aimeraient voir apparaître. Elles sont aussi celles
   attendues pour le français depuis l'implantation coloniale.

prestigieuses, qui correspond d'ailleurs à celle établie sur la
base des valeurs pour chaque langue,.et enfin, à partir des spécifi-
cations fonctionnelles des langues, on peut affirmer qu'il
existe un rapport de discontinuité entre les langues africaines
et le français.

Cette discontinuité interlinguistique est assortie, en ce qui
concerne le français, d'une continuité intralinguistique déterminée
par son champ fonctionnel restreint (langue de l'élite, de
l'administration etc...).

Les variétés de français sont dans un rapport de continuité
où la hiérarchie s'établit entre le français standard, académique
(sommet de la hiérarchie), le français local considéré comme norme,
et le français proche du sabir (ou "petit français"). L'acquisition
du français est généralement scolaire et chaque "...locuteur
tendra à utiliser le meilleur français qu'il ait en sa possession
avec souci d'égaler autant que possible la norme prescriptive" [1],
soit la norme académique du français de métropole.

L'hypothèse de WALD et AL., selon laquelle toute situation
sociolinguistique peut s'inscrire sur un axe reliant deux pôles
extrêmes A et B, se vérifie dans le cas du Tchad. Le pôle A est
caractérisé par la discontinuité fonctionnelle entre le français
et les langues africaines (rapport interlinguistique diglossique)
assortie d'une continuité intralinguistique dans laquelle le
français demeure homogène. Ce pôle caractérise bien la situation
sociolinguistique du Tchad.

A l'inverse, rappelons que le pôle B recouvre une situation
dans laquelle il existe une continuité interlinguistique assortie
d'une discontinuité intralinguistique.

---

1. WALD et al., 1974, Bulletin du C.E.P. ,n°1, p.31.

ETUDE DES CONTRAINTES DE CHOIX DES LANGUES.

3. 15. L'articulation des règles d'usage des langues dépend de plusieurs facteurs : l'identité du locuteur, la situation de communication.

L'identité du locuteur.

Elle est établie au niveau ethnique et au niveau linguistique.

- niveau ethnique : - Les locuteurs appartiennent à la même ethnie (Intraethnie)

- Les locuteurs n'appartiennent pas à la même ethnie (Interethnie).

- niveau linguistique : - les locuteurs possèdent la langue officielle [+ fr] ou non [-fr] .
- les locuteurs possèdent la langue véhiculaire [+ar] ou non [- ar] .

3. 16. La situation de communication.

La distinction est faite entre situation conventionnelle ou non (formelle ou informelle).

Nous entendons par situation formelle un ensemble de situations mal définies dans lesquelles les relations individuelles ont un caractère contraignant : l'enseignement, l'administration.

Une situation informelle ne se définit pas en tant que telle mais par opposition à une situation formelle.

Nous n'avons pas pris en compte l'objet de la communication

qui ne nous paraît pas déterminant. En effet, le choix d'une
langue, outre les contraintes qui ont été présentées, est plus
lié à la catégorie sociale des locuteurs qu'à l'objet de la
communication. Entre des individus appartenant à la classe moyenne
ayant été scolarisés, une conversation d'ordre scolaire ou
"scientifique" aura lieu en arabe ou dans un vernaculaire ;
les termes propres au domaine scolaire ou "scientifique" sont
empruntés au français et insérés dans le discours comme le montre
l'exemple suivant pris chez deux locuteurs kanembou:

[bàr'ēm.ngēdē kɔrèksɨy'ɔ̄.tɨ nɔ̀nɛ̌ndɛ̌d'ō
//barème possessif / correction|en question/nous ne connaissons/

y' ə̌l wɨ̆'ɨ kɛ̌l'ās.nɨ. yɛ̄ də̀nǎ yìndʃ
enfants / moi / classe| possessif|génitif/ même/ deux/

nɔ̀nə̀k'ɔ́ tɛ̌d'ā ...]
je sais / garçon //.

3. 17. Diagramme des contraintes du choix des langues.

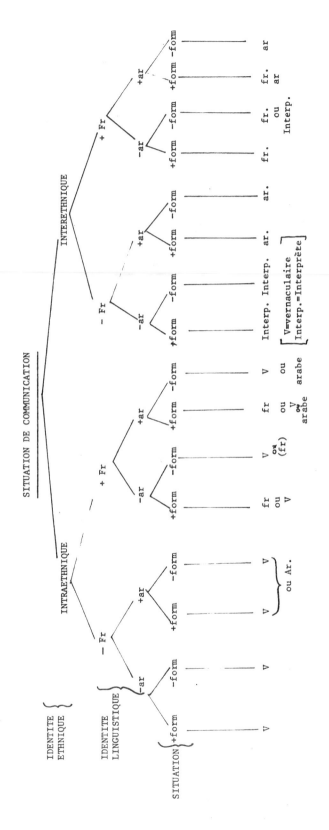

3. 18. Les inconvénients d'un tel diagramme.

- Les situations sont posées avec égalité sans tenir
compte de leur fréquence d'attestation et du taux de locuteurs
de chaque langue. Il est par exemple extrêmement rare d'entendre
parler français dans la situation[+ interethnique, + français,
- arabe, - formel] [1].

- Il n'est pas possible de prévoir sans équivoque
le choix des langues. A ce niveau, d'autres éléments interviennent
permettant de "cerner" la variabilité. Cette analyse macrosocio-
linguistique ne livre que les cadres fonctionnels.

- En situation interethnique, le diagramme ne rend pas
compte du cas où le locuteur connaît la langue maternelle de son
interlocuteur.

Cette situation n'est pas portée dans le schéma afin de
conserver un parallélisme entre la situation intraethnique et
la situation interethnique. Cependant lors de l'analyse du
diagramme, nous envisagerons ce cas.

3. 19. La prise en considération des catégories sociales
de locuteurs permet sans aucun doute de réduire la marge d'erreur
de prévision des choix de langues en affinant la description
des situations.

Dans ce type d'analyse qui tend vers une approche micro-
sociolinguistique, il serait nécessaire d'introduire un choix entre
les diverses variétés d'une même langue.

---

1. Notre informateur principal, garçon très sérieux a dû attendre
   trois mois avant de pouvoir enregistrer une conversation en
   français.

Cependant, cette recherche est trop vaste en ce qui concerne les vernaculaires et demande une véritable étude qui n'a jamais été faite pour l'arabe.

Quand aux choix des variétés de français attestées, il est lié à la situation du français au Tchad par rapport aux autres langues. La forte diglossie entre le français et les langues locales fait que chaque locuteur "tend à utiliser le meilleur français qu'il ait à sa disposition avec souci d'égaler autant que possible la norme prescriptive.[1]

Entre le français des scolarisés et des fonctionnaires, "grand français" et celui des non scolarisés, "petit français" et le français standard, le locuteur appartenant à l'élite pourra choisir.

Le locuteur du "grand français" pourra choisir entre la sienne et celle dite "petit français", sa variété n'étant qu'une approximation de la norme.

Quant au locuteur du "petit français", il n'a pas le choix.

3. 20. Le passage d'une variété à l'autre est cependant rarement attesté.
Chez l'élite : il y a en situation officielle ou publique une grande attention à la norme ; un "dérapage" par rapport à celle-ci nuirait au statut que le locuteur assume et à son image de marque. En privé, la norme n'est pas aussi contraignante. Cependant, le "petit français" n'est jamais utilisé.

Chez les locuteurs du "grand français", le recours au "petit

---

1. WALD et al., 1974, p.31.

français" est très souvent une parodie de celui-ci, qui manifestent ainsi, inconsciemment ou non leur statut social plus élevé.

Les situations interethniques où deux locuteurs parlent français, l'un le "grand français", l'autre le "petit français" et ne possédant pas l'arabe, sont très rares.

Chaque fois que cela se produit, le français est utilisé en dernière instance si les possibilités de communication dans une autre langue sont épuisées. Il arrive même que l'on préfère dans ce dernier cas faire appel à un interprète plutôt que d'utiliser le français.

COMMENTAIRE DU DIAGRAMME.

3. 21. Nous évacuons un certain nombre de situations où le choix des langues ne pose aucun problème.

En situation intraethnique et en situation interethnique, lorsque les locuteurs ne possèdent ni le français ni l'arabe, le vernaculaire est employé systématiquement dans le premier cas et un interprète est recherché dans le second. En situation interethnique, il est cependant nécessaire de faire la distinction entre le locuteur qui ne connaît pas la langue maternelle de son interlocuteur et celui qui la connaît. Dans ce dernier cas, la langue de l'interlocuteur est employée.

La situation devient plus complexe avec l'extension du choix des langues du répertoire : [-Fr., + ar] ou [+ Fr., -ar] et enfin [+ Fr, +ar] . Les locuteurs en présence auront donc trois langues à leur disposition pour communiquer.

L'introduction de nouvelles contraintes de choix est ici nécessaire. Nous reviendrons sur ce problème.

3. 22. Situation où les locuteurs ne possèdent pas le français mais l'arabe.

Dans les contextes intra et interethnique, les contraintes liées à la situation formelle ou non, à la catégorie sociale du locuteur n'interviennent pas au niveau des choix de langue.

En situation intraethnique, le vernaculaire est généralement employé. L'utilisation de l'arabe est attestée lorsque deux interlocuteurs entendent communiquer sans être compris des autres locuteurs.

Dans un contexte interethnique, il convient de rapporter le cas où l'un des locuteurs connaît la langue de son interlocuteur. Aucune des contraintes de choix indiquées précédemment n'intervient. Dans ce cas, la langue de l'interlocuteur est employée s'il y a de la part de celui qui la possède une volonté d'établir un contact qui ne soit pas neutre mais plus personnel. L'interlocuteur lui répondra dans cette langue s'il accepte ce rapprochement. L'un et l'autre utiliseront l'arabe s'ils désirent garder leur distance[1]. Cependant, la connaissance de la langue de l'interlocuteur implique dans la plupart des cas une relation de voisinage. Aussi pour marquer ces relations de territoires, la communication s'effectue souvent dans la langue de l'interlocuteur. Si par exemple un Kanembou, ayant vécu à Moussoro, (nord de la capitale où se trouvent

---

1. La volonté de ne pas utiliser la langue de son interlocuteur peut être révélatrice d'une concurrence ethnique ou linguistique. Le Général de Gaulle refusait systématiquement de parler l'anglais avec un interlocuteur anglophone et faisait appel à un interprète manifestant ainsi "une certaine idée de la France" et un refus de l'extension de l'anglais comme langue véhiculaire. Ce fait peut être interprété ainsi comme une crainte de la norme.

de nombreux Goran, (mot arabe désignant les Toubou: Téda, Daza,
Kréda), rencontre un Goran, malgré leur connaissance respective
de l'arabe, ils s'entretiendront le plus souvent en goran.

Dans les aires linguistiquement homogènes, Kanem, Borkou,
Ennedi, Tibesti, nous avons déjà dit que les locuteurs utilisaient
très rarement l'arabe préférant utiliser l'une des langues
des interlocuteurs.

Les causes de ce refus sont liées à l'historicité des langues
vernaculaires et au passé culturel de ces populations. Les Kanembou
ont bâti le royaume du Kanem-Bornou tandis que les Toubou ont
toujours manifesté un désir violent d'autonomie ethnique et
linguistique qu'ils perpétuent de façon très explicite aujourd'hui
encore.

Donc malgré le caractère véhiculaire de l'arabe, il existe
encore dans le monde musulman de nombreux individus qui ne connaissent pas l'arabe ou qui en ont une compétence fort limitée.
L'islamisation ne signifie pas l'arabisation.

Le refus de l'arabe s'effectue au profit d'une langue
proche soit génétiquement soit géographiquement à travers laquelle les
locuteurs, perçoivent une identité culturelle [1] que l'on
retrouve dans les traditions orales.

Un Kanembou du sud Kanem se sent très proche des Kanuri (Nigéria)
et proche des Goran alors qu'il se sent très différent d'un
Kotoko ou d'un Boudouma avec lequel il est pourtant, au moins
actuellement, plus proche géographiquement.

---

1. Souvent la détermination de l'identité du locuteur ne passa
   pas par le discours. Plusieurs Kanembou nous ont affirmé qu'ils
   savaient faire la distinction physique entre un Kotoko, un
   Boudouma et un Goran. Les Kotoko par exemple auraient une
   démarche singulière qui ne laisserait pas de doute sur leur
   identité.

3. 23. Conclusion.

Le choix des langues en contexte intra et interethnique
lorsque les locuteurs ne parlent pas le français est relativement
contraignant : le vernaculaire en intraethnique, l'arabe ou la
nécessité d'un interprète en interethnique.

3. 24. Nous examinons le cas où les locuteurs possèdent le
français.
Deux cas sont distingués :

      - ils ne possèdent pas l'arabe $\begin{bmatrix} -ar \end{bmatrix}$
      - ils possèdent l'arabe $\begin{bmatrix} +ar \end{bmatrix}$

Pour chaque cas nous examinons les contextes intra et interethniques.

3. 25. Ils ne possèdent pas l'arabe $\begin{bmatrix} -r. \end{bmatrix}$

Contexte intraethnique.

La langue vernaculaire est généralement utilisée.
Toute situation formelle est marquée par l'utilisation du français ;
la réciproque est vraie si l'on considère l'emploi du français par
ailleurs comme marginale (volonté de mise en valeur individuelle,
parodie en français de ceux qui utilisent le français). Cette
unité entre la langue utilisée et la situation dans laquelle
elle est utilisée apparaît très nettement dans la scène suivante
qui nous a été rapportée :
Un Sara entre dans un bureau administratif dans lequel se tient
un autre Sara. Il s'exprime en sara pour solliciter un papier
tandis que le fonctionnaire lui répond : "Mais, qui t'a dit que
je suis un Sara ?"
L'homme surpris par ce type de réponse en français continue néanmoins à exposer en sara l'objet de ces démarches. Le fonctionnaire
l'interrompt aussitôt, lui disant en français : "Ici, il n'y a
pas des Sara, des Arabes, il n'y a qu'une langue."

Il ne faut pas voir dans cette scène une francophilie
militante mais une volonté du fonctionnaire d'ignorer tous les
particularismes ethniques et linguistiques. Il n'a pas cette
attitude au nom d'une idéologie où le français est posé comme
langue officielle mais recherche simplement à ne pas être impor-
tuné. En effet, le "client" s'exprimant en sara entendait bien
créer un climat de connivence [1] qui lui aurait permis d'obtenir
son papier en des délais très rapides.

Pour le client, le fait d'établir des transactions avec comme
langue le français est ressenti comme un obstacle à leur réussite.
Pour le fonctionnaire, les effectuer en sara, c'est se rendre
prisonnier des sollicitations perpétuelles de toute une communauté.

3. 26. Le français peut être utilisé par un supérieur pour
s'adresser à son subordonné afin d'imposer une différence de statut.
S'il s'agit d'un subordonné qui parle le "petit français", le
supérieur pourra commencer son discours en français et le finir
en vernaculaire afin que l'ordre donné soit mieux compris et que la
tâche soit effectuée avec plus d'efficacité.

3. 27. Dans une situation non formelle, l'utilisation du
français peut dépendre de la classe sociale d'un des interlocuteurs.
En général, le choix est dicté par celui qui appartient à la classe
sociale la plus élevée. Cependant, si ce type de locuteur connaît
sa langue maternelle, il préfèrera s'exprimer avec celle-ci dans
une volonté d'assimilation au groupe. Il n'utilisera pas le français
en milieu intraethnique pour manifester son statut social car il sait

---

1. Ce type de relation n'est pas particulier à l'Afrique. Il est
   encore très prégnant dans certaine région de France. En Corse,
   pour ne citer qu'un exemple, certaines personnes, afin d'obtenir
   un papier administratif délivré normalement par la Mairie s'en
   vont trouver un ami du maire et lui confie leur requête (en
   corse naturellement) en lui offrant en même temps un petit
   cadeau en signe de remerciement et reconnaissance.

qu'il est déjà reconnu d'où l'inutilité d'une telle démonstration.

3. 28. Le français est utilisé en milieu intraethnique par les
jeunes :
        - soit pour communiquer secrètement.
        - soit pour se mettre en valeur ; les jeunes gens
s'expriment quelquefois en français pour faire la cour aux jeunes
filles qui n'entendent pas cette langue.

3. 29. Il existe un cas très marginal d'emploi de français
qui concerne les gens qui boivent de la bière en trop grande
quantité. Ils manifestent alors (ceux qui possèdent un minimum
de cette langue) une propension tout à fait surprenante à
utiliser le français.

Il s'agit très souvent d'un discours constitué d'injonctions
hybrides ne relevant pas nécessairement du corps militaire.
Ce discours peut être informatif sur l'une des fonctions · du
français qui serait la langue dans laquelle se transmettent les directives de tous ordres !

CONTEXTE INTERETHNIQUE ([+Fr], [-ar])

3. 30. Dans une situation formelle le français est requis.
Si l'un des locuteurs parle la langue maternelle de l'autre, il
peut y avoir un "échappement" dans cette langue qui marque un
autre type de relation, non formel, qu'entretiennent par ailleurs
les locuteurs.

3. 31. Dans une situation non-formelle si aucun des locuteurs
ne parle la langue maternelle de l'autre, le français est
utilisé.

Il convient alors d'examiner les catégories sociales auxquelles appartiennent les locuteurs.

La classe supérieure parlera le français si les locuteurs entendent demeurer dans le domaine des rapports non familiers. Si les locuteurs ont des relations amicales, la langue maternelle de l'un d'entre eux, comme par l'un des interlocuteurs, pourra être utilisée.

Pour la classe moyenne et inférieure, le recours à la langue connue de l'interlocuteur est de rigueur. Mais le choix est entre le français et une langue vernaculaire et non plus entre l'arabe véhiculaire et une langue vernaculaire. Aussi les facteurs de choix sont-ils sensiblement différents de ceux de la situation où les locuteurs ne possèdent pas le français mais l'arabe (Supra 2. 22). Dans ce cas, la langue africaine est préférée à l'usage du français car précisément l'usage de ce dernier situe socialement les locuteurs comme appartenant à la classe supérieure.

Le maintien du français chez un locuteur marque une volonté de distanciation par rapport à son interlocuteur ou une volonté inconsciente ou non d'autovalorisation ; autovalorisation car l'interlocuteur n'est pas forcément dupe de cette volonté et n'y souscrit pas nécessairement.

Les locuteurs possèdent le français et l'arabe.

3. 32. Situation intraethnique.

En situation intraethnique la possibilité de s'exprimer en arabe ne fait qu'augmenter les possibilités de choix dans le répertoire linguistique. Les conditions de ces choix sont ana-logues à celles évoquées précédemment.

- pour l'arabe   cf. [-Fr, + ar, ± Formel]
- pour le français cf.[+Fr, -ar, ± Formel]

3. 33. Situation interethnique.

Comme en situation[+ inter , + Fr, - ar] il convient
de distinguer les catégories sociales et le cas d'un locuteur
parlant la langue maternelle de l'autre.

3. 34. Diagramme des contraintes du choix des langues en
situation interethnique lorsque les locuteurs possèdent l'arabe
et le français tenant compte des classes sociales et de la
connaissance éventuelle de la langue d 'un des locuteurs.

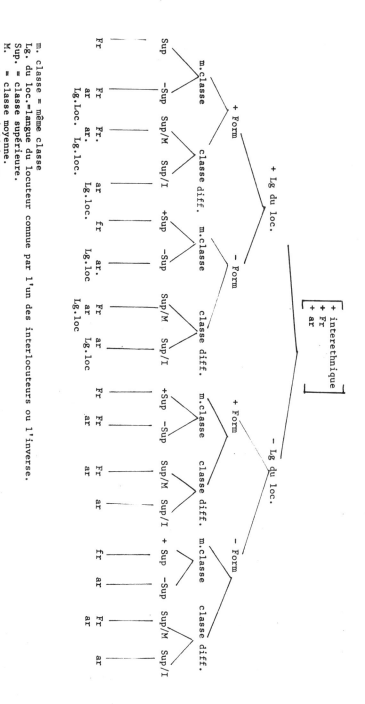

m. classe = même classe
Lg. du loc.=langue du locuteur connue par l'un des interlocuteurs ou l'inverse.
Sup. = classe supérieure.
M. = classe moyenne.
I. = classe inférieure.

3. 35. Dans ce diagramme, la classe supérieure est respectivement
opposée à la classe moyenne et à la classe inférieure. La classe
moyenne n'est pas opposée à la classe inférieure car la diglossie
entre le français et les autres langues est si forte que les
locuteurs des classes moyennes et inférieures utilisent entre
eux une langue spécifiquement locale. A ce niveau là, le choix des
langues dépend du milieu intra ou interethnique.

Les situations dans lesquelles aucun locuteur ne parle la
langue maternelle de l'un d'entre eux augmentent les contraintes
de choix.
Il y a cependant un strict équilibre entre la situation où la langue
maternelle de l'un des locuteurs est connue par un autre et celle
où ce fait n'est pas attesté.

3. 36. Conclusion à propos des contraintes du choix de langues.
Les locuteurs s'expriment peu en français et n'aiment pas utiliser
cette langue. Même lorsque des locuteurs s'expriment souvent en
français (élite, étudiant), il n'est pas rare qu'il y ait un
"échappement" dans la langue véhiculaire ou dans un vernaculaire,
ce qui permet "de se laisser aller "comme nous l'avons entendu
dire.[1]
Parfois cet "échappement" s'effectue en introduisant dans le
discours une expression appartenant à la variété du "petit français"
     "Est-ce que vous voulez que moi j'argumente là ?"
     "vas-y, vas-y"
     "je vazy, je vazy oui"
Cela permet de détendre l'atmosphère en oubliant un instant la norme.

---

1. Ce fait tend à montrer qu'il y a une crainte de la norme et
   que les difficultés à la maîtriser sont nombreuses.

et de faire l'unanimité parmi les locuteurs qui se reconnaissent
dans cette variété du français plus locale que celle qu'il pratique.
Les contraintes du choix des langues ne font que confirmer la forte
diglossie entre le français et les langues africaines qui déterminent
une discontinuité interlinguistique entre les deux. Tandis que le
champ fonctionnel limité du français détermine une continuité
intralinguistique où les diverses variétés sont en distribution
complémentaire dans un ordre hiérarchique évalué en rapport à la
norme prescriptive.

SITUATIONS D'USAGE DU FRANÇAIS.

3. 37. Avant d'examiner les situations d'apprentissage du
français, nous présentons quelques situations d'usage du français
qui n'ont pu être envisagées à partir des diagrammes précédents.

Dans ces situations, le français utilisé est pertinent, régi
par des règles d'usage. Nous faisons la distinction entre les
facteurs qui définissent le cadre de la communication, dont le
locuteur doit nécessairement s'accommoder et ceux qui dépendent
de son initiative sur lesquels il peut jouer pour contrôler une
situation.

Les locuteurs doivent s'accommoder des facteurs qui définissent
le cadre de la communication.

3. 38. En milieu scolaire.

A l'école, les élèves n'utilisent pas systématiquement
le français. La classe est le lieu où les relations linguistiques

entre l'enseignant et les élèves s'effectuent en français.[1]

Mais les acteurs ne sont pas figés dans cette relation et il est fréquent d'assister à une rupture de relation. La manifestation de la colère d'un élève contre "une injustice" brise la relation et en même temps donne lieu à une "réinterprétation" de la situation.

En premier lieu, l'observance de la norme a disparu pour laisser place à la libération verbale. Les élèves ne s'y trompent pas quand ils déclarent a postériori s'être défoulés.

Ce défoulement s'effectue généralement en français si l'injustice est encore réparable, en langue maternelle si la rancoeur est personnelle, en arabe véhiculaire, si l'élève entend provoquer une levée des boucliers dans la classe.

La rupture peut se réaliser moins agressivement lorsque l'élève chuchote un message à son voisin. La plupart du temps, la communication ne s'effectue pas en français mais en arabe véhiculaire si le voisin appartient à une ethnie bien différente de celle du chuchoteur ou dans le cas contraire en langue maternelle.

Ces exemples montrent qu'il peut y avoir évacuation de l'utilisation du français au sein même de la classe. La ligne de partage du champ d'extension du français dans la classe passe entre l'enseignant, les élèves s'expriment généralement dans leur langue maternelle ou dans la langue véhiculaire.

---

1. Cf. JOUANNET, F., 1976, "Le Français et les Langues africaines en milieu scolaire au Tchad. Norme linguistique et représentation sociale. Communication au colloque du C.I.L.F. in Bulletin n°2 du Centre International de Sémiologie, Lubumbashi, Zaïre.

En-dehors du contexte de la classe (les couloirs, la cour
de récréation, le marché, la rue, la famille) les élèves n'utilisent
pas ou peu le français.[1]

3. 39. Situation dans laquelle le thème du message est lié
à l'utilisation du français.

Cet usage concerne les anciens combattants[2]. Lorsqu'ils se
retrouvent, les anciens combattants ne parlent pas nécessairement
le français. Cependant si le thème concerne l'armée ou les diverses
campagnes qu'ils ont effectuées, ils utilisent le français.

L'association entre le thème et le français est le résultat d'une
ancienne situation thématique (tirailleurs dans l'armée) qui a
permis l'acquisition de cette langue. Il est d'ailleurs symptomatique
que le français qu'ils utilisent soit appelé "le français tirailleur".
En ce qui concerne ce français, nous souscrivons aux remarques
faites par CAPRILE, J.P. :

> "Un trait marquant de la situation de ce "français
> militaire" est la liberté d'expression de ceux qui le
> parlent. Ils ne sont pas inhibés par la peur de manquer
> à une règle de grammaire ou par le respect dû à la langue
> écrite littéraire. Ils visent à dire ce qu'ils ont à
> dire avec les moyens dont ils disposent /...7 Il est
> probable qu'il disparaîtra peu à peu en même temps
> que les anciens combattants. Il serait cependant utile
> de l'étudier dans la mesure où il a marqué de son
> empreinte le français parlé en Afrique Centrale dont il
> permet de comprendre certaines particularités".

3. 40. Le canal de la communication.

Il s'agit de présenter le moyen par lequel, au cours du
processus de la communication, les messages en français sont transmis.

---

1. Nous avons enregistré dans une étude non publiée (Bouny, P., Caprile,
   J.P., Jouannet F.) que l'école n'est pas simplement le lieu d'apprentissage du français, mais qu'elle est aussi le foyer de diffusion
   et d'apprentissage des langues africaines, phénomène sournois en
   quelque sorte qui échappe aux fonctions officielles de l'école.
2. Cf. Alexandre, P, 1967, Langues et langages en Afrique Noire,
   Paris, Payot. Cf. Caprile, J.P., 1976 (p.33).

Nous séparons le mode de communication oral et écrit.

- l'oral.

. le téléphone : lorsqu'un individu répond au téléphone, il le fait dans la langue choisie par celui qui téléphone ; bien que la prise de contact puisse s'effectuer par un mot en arabe ou en français et parfois,peut être pour rester neutre, par un raclement de la gorge. Si la conversation en français s'avère inadéquate pour l'efficacité du message (l'un des interlocuteurs ne comprenant pas), les locuteurs essaient les langues qu'ils connaissent. Cela se passe naturellement très vite.

. La radio.

La radio est très appréciée. Dans certains villages, on peut entendre le matin et le soir la radio en "stéréophonie", chaque famille écoutant sa radio, celles qui n'en ont pas écoutant les radio. Les émissions les plus suivies en français concernent avant tout les commentaires sportifs, les récits historiques ou les contes africains, et la présentation des disques de variétés africaines (essentiellement la musique dite zaïroise).

Les informations sont dites en français, en arabe et en sara, en d'autres langues si les informations sont particulièrement importantes. Les informations en français sont surtout écoutées par l'élite qui capte aussi les programmes de "radio France" ; les informations de "radio France" étant la source d'informations internationales la plus sûre et la plus efficace.[1]

. le cinéma.

Les films présentés sont en général des productions indiennes ou chinoises et les séances ont souvent lieu dans une

_____

1. Une étude intéressante que nous n'avons pu entreprendre consiste à étudier le français à travers les jeux radiophoniques où plusieurs personnes d'origine géographique et sociale parfois fort différentes sont appelées à parler en français.

ambiance assez agitée si bien qu'il est peu probable que les
spectateurs puissent prêter attention à la parole. Le cinéma
est l'un des facteurs d'influence des comportements linguistiques
et sociaux.

L'influence linguistique se manifeste au niveau lexical
surtout chez les enfants et les adolescents.

ex : django qui désigne le titre d'un film ou le nom
d'un héros de western est devenu le prix d'une place de cinéma : "25F"

-[∫ɪk] signifie "femme" chez certains jeunes Ngambay
très peu scolarisés de la capitale.

L'influence sociale du cinéma sur les comportements dans la
vie quotidienne des jeunes semble plus importante.

L'essentiel du thème du film est ramené au héros, la plupart
du temps surhomme, auquel la jeunesse aime à s'identifier. La
fascination est telle qu'il n'est pas rare de rencontrer des jeunes
se comporter ou tenter de se comporter comme ces héros : kung fu,
karaté, django etc...

Le nom du héros est d'autant plus prestigieux qu'il n'est
pas compris par le spectateur : ainsi de jeunes Ngambay assimilaient
le héros et le titre du film :

[lɛ grɪf mɔrtɛl dü taka le ɓa a nɔ̧]

"les griffes mortelles du Takan en question qui saute là".

3. 41. L'écrit.

A l'école.

A l'école, les élèves cherchent à conformer leur production verbale à la norme ou au modèle prestigieux. Ainsi, toute
spontanéité de l'élève est refoulée au profit d'un calcul mental

portant sur le discours à produire. Toute phrase est analysée
et construite mentalement dans un effort d'identifier la réalisation
de sa production linguistique à la norme prescriptive.

Une idée spontanée est ainsi définie par un élève de classe
terminale comme "une idée qu'on n'a pas habillée pour faire beau".
Cette remarque permet d'affirmer :
      - que toute spontanéité entraîne nécessairement un écart
par rapport à la norme.
      - que la norme est considérée comme le "beau langage".

Il est certain, et la forme de cette remarque le prouve, qui
n'est certainement pas spontanée, que l'idée de "beau langage"
est une idée très relative pouvant être interprétée et donnant
lieu à des phénomènes très courant d'hypercorrection.

Hors de ce contexte, la crainte de la norme se relâche et le
français parlé en est différent.

. Correspondance

La correspondance personnelle confiée aux scolarisés est
relativement stéréotypée.
      - stéréotypes issues de l'école et des relations scolaires:
            "C'est aujourd'hui que le beau jour me permet de te rédiger..."
            "L'occasion me permet aujourd'hui de vous rejoindre par
            l'intermédiaire de cette lettre..."
      - Stéréotypes prestigieux (hypercorrection)
            "Incroyable, mais c'est vrai ! Le silence. Tous ces jours,
toutes ces semaines, tous ces mois écoulés, aucun murmure
n'éveille mon coeur doux d'enfant. Mais cette heure vespérale de
pâques me souffle à l'oreille soit disant "écrit à ton unique
cher frère". Ainsi mes affections surgissent plus graves et plus
douces.

Hier X. calma le coeur de tes saluts. Ajourd'hui nous ne te
tendons chimèrement notre main droite pour te saluer et te dire
"approche-toi".

   - stéréotype de type administratif.
   "J'ai l'honneur de te rédiger en quelques lignes mes
   nouvelles..."
   - Stéréotype relevant des prières et de la religion.
   "C'est aujourd'hui que le bon dieu me permet..."
   "Par la grâce de dieu..."

   La correspondance est relativement importante. Un individu
effectuant un voyage dans son village natal se voit confier
de nombreuses lettres qu'il devra lui-même distribuer au cours
de son voyage et à son arrivée dans le village.
   Le rôle véhiculaire du français écrit est cependant limité
puisque la lecture des lettres nécessite la plupart du temps une
traduction dans une langue africaine et ainsi l'utilisation du
canal oral.

   . La presse et les livres.

Il n'existe pas de quotidien au Tchad. Deux types de journaux :

   - l'un hebdomadaire, organe du gouvernement rappelant les
événements nationaux et internationaux de la semaine.
   - l'autre mensuel, organe des missionnaires. "Tchad et Culture".
Ces journaux ne sont pas très lus si ce n'est dans la capitale.
Le français utilisé est lié aux différents rédacteurs. De façon
générale il s'agit soit du français standard ("Tchad et culture")
soit du français de la norme locale.
   Les livres sont peu lus. Les livres policiers semblent être
les plus appréciés.
   Rares sont les scolarisés qui fréquentent les bibliothèques
du centre culturel.

3. 42. Les facteurs qui définissent le cadre de la communication et qui dépendent du locuteur.

Le locuteur manifeste le rôle qu'il entend assumer en choi-
sissant une langue ou une variété de langue . Les relations de
rôle selon FISHMAN [1] :

> "sont des ensembles reconnus et acceptés, de droits et
> de devoirs réciproques entre les membres d'un même système
> socio-culturel. Pour les membres d'une telle communauté,
> l'une des possibilités de se faire connaître l'un à
> l'autre et, en même temps, de faire reconnaître leurs droits
> et devoirs réciproques consiste précisément à choisir la
> variété exacte qu'ils utiliseront pour se parler, - y
> compris l'éventualité, naturellement, de n'employer aucune
> variété."

Le type de contact que le locuteur veut établir entre son ou ses
interlocuteurs est de l'ordre personnel ou transactionnel.

3. 43. Contact d'ordre personnel.

Le locuteur peut établir un contact personnel en français
avec un interlocuteur possédant le "petit français" s'il "jongle
son français". Cette expression n'a pas la même acception que celle
en français métropolitain "jongler avec les mots" ; elle a même
une signification tout à fait contraire exprimant l'idée d'un
français mal assuré, précaire.

Cette volonté "d'hypercréoliser" son français afin d'établir un
contact personnel s'établit au niveau phonétique où certains sons du
substrat africain sont substitués à ceux du français, où il y a
une insistance beaucoup plus marqué des hauteurs mélodiques et de
façon générale utilisation d'un code restreint.

3. 44. Contact d'ordre transactionnel.

Les contacts d'ordre transactionnel font référence
aux conventions sociales qui définissent le rôle que le locuteur
veut assumer.

---

1. FISHMAN, J.A., 1971, Sociolinguistique, F.Nathan, éd.Labor,
Paris, p.58-59.

Nous distinguons entre les contacts transactionnels dans une
situation formelle et dans une situation non-formelle.

3. 45. Situation formelle.

Lorsqu'un locuteur téléphone à quelqu'un il choisit
la langue en fonction de son interlocuteur. Il choisit le français
s'il téléphone à un organisme officiel où s'il ne connaît pas la
personne ; dans tous les autres cas il utilise une langue africaine.

Il choisira le français s'il désire que sa requête soit
diligemment transmise ou prise en considération ; il parlera
alors très brièvement comme s'il était passé en glissant dans la
conversation qu'il téléphone d'un ministère ministériel mais
simplement dans le bureau d'un "frère" qui l'a fait profiter de son
téléphone.

3. 46. Certain locuteur utilise le français dans la perspective
de se valoriser. Un homme s'il désire flatter une femme lui parlera
en français. Si cette femme parle français (cas relativement rare),
il n'accordera pas sa variété à celle de son interlocutrice. Nous
avons relevé cette conversation explicite au niveau des intentions
du locuteur. Les deux interlocuteurs sont arabes. L'homme est
un étudiant, la femme n'est pas scolarisée.
- "Comment allez-vous madame ?"
- "Je me tale bien misé"
- "Votre mari est-il à la maison ?"
- "Mon mari est zalé dans le bentre de bile" (1)
- "Qu'est-ce que vous nous préparez aujourd'hui ?"
- "Je préparé la bale de riz abec la change étantique.
  Benez bou manger midi ?"
- "Oui, si le temps me le permet".

---

1. Le "bentre" n'est pas l'interprétation de centre (de la ville)
mais du ventre (de la ville). Dans de nombreuses langues africaines l'intérieur d'un objet ou d'un lieu est désigné par le
ventre de celui-ci. En Kanembou par ex. [cɔ́rɔ́] désigne à la fois
le ventre et l'intérieur de quelque chose.

3. 47. La volonté de se valoriser liée à une incapacité de le
faire dans la variété appropriée aboutit quelquefois à l'emploi
très sommaire d'une langue étrangère. Cette utilisation n'a précisément pas une fonction de communication mais un rôle spectaculaire.
Souvent certains plantons de l'ambassade ou de la mission française
bredouille quelques mots anglais en présence de français :

"Good afternoon sir, ciao to morrow"
puis éloignés des oreilles indiscrètes parlent une langue africaine.

3. 48. CONCLUSION.

Nous avons donc déterminé le statut fonctionnel des trois
types de langue rencontrés en caractérisant :
- leurs fonctions sociales
- les groupes sociaux qui les utilisent
- les circonstances dans lesquelles ils sont employés.

Le français est toujours perçu comme une langue de prestige et
comme langue nécessaire aussi bien pour réussir socialement que pour
résoudre les problèmes de communication à l'intérieur du pays :
problème du choix d'une langue nationale africaine et, à l'extérieur
du pays, d'une langue pour les relations internationales.

Les représentations des valeurs attribuées aux langues confirment
le prestige du français, les autres langues étant souvent considérées
comme des patois, soit comme des "langues vulgaires".

Les vélléités de critique du français comme langue nationale
à caractère étranger se heurtent toujours au choix d'une langue
locale. Le caractère étranger du français, s'il est fortement ressenti,
est cependant, en l'état actuel, perçu simultanément comme
nécessaire. Ainsi une ambivalence majeure demeure : il y a d'une
part recherche d'une langue stable, standardisée et en même temps

difficultés de s'adapter à celle-ci (le français) et d'autre part,
recherche d'une langue plus spécifiquement locale mais conflit
quant à l'institutionnalisation de l'une d'entre elles.

3. 49. Au cours de cette étude nous avons mis l'accent sur
l'utilisation du français et cette insistance, à coup sûr n'est pas
légitime. Il conviendrait en effet de s'étendre davantage sur les
contextes d'utilisation de la grande langue véhiculaire, l'arabe
et sur les nombreux vernaculaires. L'étude de la situation sociolinguistique y gagnerait et serait certainement plus précise
pouvant même mettre au jour certaines problématiques absolument évacuées
dans ce texte. Pour exemple, nous noterons qu'à aucun moment nous
n'avons pris en compte l'utilisation des langues par les différents
groupes sociaux dans leurs réseaux de relation conflictuelles
recouvrant des volontés antagoniques du pouvoir. Jamais nous
n'avons envisagé les stratégies linguistiques des "classes"
sociales, qui permettraient d'avoir une vision moins mécaniste des
rapports sociaux et des transactions linguistiques.

Des remarques analogues concernent aussi les connotations socio-
culturelles attachées à l'emploi de chacun des types de langue. Nous
avons relevé certains aspects au fur et à mesure pour le français.
La description est beaucoup plus délicate pour les langues africaines
et certainement plus complexe comme l'atteste l'exemple suivant pris
dans la communauté kanembou.

En milieu urbain, essentiellement la capitale, dans un contexte
interethnique, les Kanembou utilisent l'arabe, phénomène facilement
compréhensible. La chose l'est beaucoup moins lorsqu'en milieu
intraethnique ces mêmes locuteurs continuent à utiliser l'arabe.
Dans ce dernier cas l'utilisation de l'arabe a pour fonction
essentielle de garder un certain anonymat ethnique et "classique" ;
la distinction entre Kanembou du nord et du sud étant masquée par

l'utilisation d'une langue étrangère à la communauté kanembou.

Il semblerait que les Kanembou de Mao (Kanembou du Nord) étant
plus nombreux dans la capitale et possédant une certaine image de gran-
deur -le consulat des Kanembou ayant résidence à Mao- s'ils
n'imposent pas une norme, en manifestent une implicitement, la leur,
en dévalorisant les dialectes des autres Kanembou.

Les sarcasmes métalinguistiques des Koono (Kanembou de Mao,
du nord Kanem) tendent à créer des usages particuliers dans la
capitale. Un Kanembou Ngaldoukou (du sud Kanem) en présence d'un
Kanembou Koono (nord) préférera utiliser l'arabe à moins que le
locuteur koono ait décidé de ne pas dévaloriser la langue de son
interlocuteur et donc celui-ci en dernière instance. Les locuteurs
koono qui voudront exercer le poids du pouvoir de leur norme
imposeront à des locuteurs non koono de parler kanembou. Ainsi
seront-ils sûr que celui-ci manifestera certains complexes d'infério-
rité linguistique qui ne feront que renforcer ceux de supériorité
des Koono.

Afin d'éviter ce type de situation, un locuteur non koono
parlera en arabe, gommant ainsi l'utilisation du kanembou et les
différences dialectales pertinentes socialement dont il sait qu'elles
le dévalorisent.

Il est d'ailleurs remarquable qu'il n'est pas nécessaire que
les plaisanteries s'exercent à ce moment là car elles sont toujours
présentes, inscrites dans les règles sociales des pratiques langagières
des Kanembou. La non réalisation des sarcasmes n'implique pas leur
absence au niveau social. Ces règles et leurs effets sont présentes
chez l'ensemble des locuteurs de la communauté kanembou urbanisée
impliquant certain comportement.

3. 50. Il est clair que l'utilisation de certains dialectes
implique les locuteurs de la communauté kanembou. C'est peut-être un
problème général de dévalorisation en chaîne. Chaque locuteur
dans sa volonté inconsciente ou non de s'assimiler à un parler
jugé socialement comme supérieur serait de la même façon à la
recherche d'un locuteur ayant un parler inférieur. Pour chaque
locuteur, il y aurait un attachement au pouvoir qui se lit à
travers ces dévalorisations des pratiques langagières. Pour mieux
s'intégrer à la hiérarchie d'un pouvoir linguistique tout locuteur
exerce le pouvoir de la hiérarchie dont le système général peut
être ainsi représenté en ce qui concerne le Tchad :

Français standard
↓
Français local-norme locale
↓
Petit français
↓
Arabe standard classique
↓
Arabe vernaculaire
↓
Arabe véhiculaire
↓
Ensemble des vernaculaires

intervernaculaire   intravernaculaire
↓   ↓
vernaculaire jugé normatif   vernaculaire normatif
par des locuteurs ayant
un vernaculaire différent
(cf.les micro-véhiculaires)
↓   ↓
vernaculaire jugé non   vernaculaire non normatif
normatif...

B. LES FONCTIONS DE L'ECOLE OCCIDENTALE DANS LE CONTEXTE SOCIOLINGUISTIQUE DU TCHAD

4. SITUATION D'APPRENTIBSAGE DU FRANÇAIS ET FONCTION DE L'ECOLE OCCIDENTALE.

L'acquisition est généralement liée à la scolarisation. Cela n'exclut pas un apprentissage extra-scolaire grâce aux contacts divers avec des francophones.

4. 1. Apprentissage extra-scolaire.

Cet apprentissage concerne les petits marchands, les "boy" ou les ouvriers en contact avec un contremaître francophone.

Les motivations d'apprentissage sont explicites ; il s'agit pour les uns d'être le plus efficace dans le commerce et pour les autres de comprendre les directives en français sous peine de perdre leur travail.

On peut se demander si une acquisition extra-scolaire du français ne remet pas en cause le schéma : discontinuité inter-linguistique entre le français et les langues africaines et continuité intralinguistique entre les diverses variétés de français.

C'est peu probable. En effet, le français doit être ici considéré comme langue de relation dans une situation où l'intercompréhension est nécessaire. L'utilisation et simultanément l'apprentissage du français sont donc limités à des sphères professionnelles bien pré-cises. Un apprentissage extra-scolaire généralisé du français n'existe pas et il n'est donc guère pensable qu'il puisse y avoir formation d'un pidgin. (Ceci est confirmé par le fait que le français est peu utilisé comme nous l'avons déjà dit). Qui plus est dans ces situations précises les deux locuteurs parlent français chacun selon leur point de vue. Le locuteur non scolarisé pense qu'il parle français, un français qu'il n'estime pas être le meilleur mais suffisant néanmoins. L'interlocuteur scolarisé parle son français.

La communication n'est cependant pas systématiquement unilatérale. Il arrive en effet que l'interlocuteur scolarisé "hypercréolise" sa langue dans la perspective d'imiter au maximum celle de son interlocuteur. Mais cette production n'est qu'une altération de sa propre langue ou une parodie de celle de son interlocuteur : insistance sur la courbe mélodique exagérément marquée, utilisation d'un système phonologique propre, variable et arbitraire, tentative de référence explicite au substrat de façon non spontané.

Ce français appris"sur le tas" est très instable et varie en fonction des locuteurs. Son caractère unilatéral lié à l'effort d'approximation de la langue prestigieuse le français (norme locale) nous permet de le considérer comme le premier niveau dans la hiérarchie des variétés du français. Cette première strate correspons au "petit français" et concerne plusieurs degrés de connaissance et d'usage du français.

4. 2. Apprentissage scolaire.

Le Tchad est l'un des pays africains où la scolarisation est relativement récente.

En 1945, il y avait 2499 élèves au niveau du premier degré[1]. En 1958-1959, il y avait 753 élèves dans les établissements de l'enseignement secondaire tandis que dix neuf Africains avaient obtenu le baccalauréat. Nous présentons une évolution des effectifs concernant l'enseignement primaire et secondaire.

---

1. Renseignement extrait de l'Essor du Tchad, p.324-325, 1969, ouvrage publié sous la direction de Diguimbaye, G., et Langue, R., P.U.F. Paris.

Entre l'année 1966 et l'année 1975 le nombre d'élèves est passé de 168 637 à 192 725 soit une augmentation de 24 088 élèves dans le primaire et de 7 556 à 11 652 dans le secondaire soit une augmentation de 4 096 élèves.

ENSEIGNEMENT PRIMAIRE PUBLIC ET PRIVE AU TCHAD, EVOLUTION DES EFFECTIFS PAR PREFECTURE.

Prefet.	1966-67	1967-68	1968-69	1969-70	1970-71	1971-72	1972-73	1973-74	1974-75
BATHA	2 256	2 946	2 343	1 951	2 003	2 238	2 640	2 632	2 932
B.E.T.	1 162	1 604	1 255	1 080	1 287	1 393	1 421	1 730	1 348
BILTINE	810	1 186	1 504	1 116	1 829	1 842	1 948	2 062	2 152
CHARI-B	17 673	18 431	19 129	18 362	23 387	25 485	27 763	29 739	27 982
GUERA	7 311	8 916	8 486	4 764	6 137	4 991	4 778	4 592	4 730
KANEM	1 580	1 598	1 611	1 522	1 598	1 890	1 792	1 842	1 987
LAC	1 020	1 175	1 294	1 210	1 576	1 177	1 287	1 324	1 522
LOGONE OCC.	22 623	24 064	24 516	22 461	24 706	-)	24 912	26 893	22 014
LOGONE OR.	26 510	25 384	26 373	25 294	28 043	50 792	25 719	28 602	27 742
MAYO-KEB.	27 782	30 731	29 417	27 738	31 292	31 580	31 688	33 099	35 237
MOYEN-CHA.	39 029	36 381	37 001	33 955	38 964	39 527	36 958	40 118	38 915
OUADDAI	2 064	2 299	2 189	2 641	2 159	3 325	4 084	4 350	4 456
SALAMAT	1 288	1 273	1 604	1 364	1 699	1 927	1 902	1 803	1 869
TANDJILE	17 529	19 008	18 936	15 609	18 570	16 229	18 651	19 244	19 839
	168 637	174 996	175 598	159 067	183 250	182 396	185 583	198 030	192 725

EVOLUTION DES EFFECTIFS DE L'ENSEIGNEMENT SECONDAIRE.

ANNEES SCOLAIRES	6ème	5ème	4ème	3ème	TOTAL 1er cycle	2ème	1ère	classe ter.	total 2e cycle	total général
1947-48	74	–	–	–	74	–	–	–	–	74
48-49	44	29	–	–	73	–	–	–	–	73
49-50	32	15	–	–	47	–	–	–	–	47
50-51	42	28	7	–	77	–	–	–	–	77
51-52	57	28	24	7	116	–	–	–	–	116
52-53	49	43	24	22	138	–	–	–	–	138
53-54	55	44	34	29	164	–	–	–	–	164
54-55	77	55	39	42	213	–	–	–	–	213
55-56	105	66	54	33	263	18	–	–	18	281
56-57	134	82	51	40	307	6	15	–	21	328
57-58	186	118	78	51	433	14	15	–	29	462
58-59	349	174	114	73	710	20	23	–	43	753
59-60	386	316	166	103	971	33	20	–	53	1024
60-61	391	355	264	162	1172	58	23	3	84	1256
61-62	532	406	351	280	1569	51	49	10	110	1679
62-63	1070	516	382	342	2310	143	55	15	213	2523
63-64	1332	1045	577	436	3390	145	98	19	262	3652
64-65	1452	1102	827	470	3851	155	117	50	322	4173
65-66	1773	1390	1013	725	4901	177	122	46	345	5246
66-67	2860	1809	1345	1061	7075	301	89	91	481	7556
67-68	2098	2315	1467	1267	7147	321	175	108	604	7751
68-69	2197	2114	1815	1252	7378	482	174	154	810	8188
69-70	2187	1921	1679	1261	7048	504	197	181	882	7930
70-71	2446	2049	1704	1218	7417	575	273	219	1067	8484
71-72	2247	2583	1913	1502	8245	510	347	316	1173	9418
72-73	2460	2379	2493	2065	9397	762	604	494	1860	11257
73-74	2500	2219	2115	1900	8734	696	472	393	1561	10295
74-75	3015	2575	2408	2287	10285	601	415	351	1367	11652

Malgré les progrès réalisés, la scolarisation demeure faible. La
comparaison des chiffres des populations scolarisées et ceux des
populations scolarisables dans le primaire est très révélatrice pour
l'ensemble des préfectures.

LA SCOLARISATION PAR PREFECTURE.

PREFECTURE	POPULATION au 30.6.75	POPULATION Scolarisable	POPULATION scolarisée	TAUX scolar.	% élèves
BATHA	350 000	70 000	2 932	4,1	1,5
B.E.T. Ennedi-Tibesti Borkou	84 000	16 800	1 348	8,0	0,7
BILTINE	154 000	30 800	2 152	6,9	1,1
CHARI-BAGUIRMI	552 000	110 400	29 739	26,9	14,5
GUERA	189 000	37 800	4 592	12,1	2,5
KANEM	202 000	40 400	1 842	4,5	1
LAC	136 000	27 200	1 324	4,8	0,8
LOGONE OCCIDENTAL	268 000	53 600	26 893	50,1	14,4
LOGONE ORIENTAL	296 000	59 200	28 602	48,3	11,4
MAYO-KEBBI	592 000	118 400	33 099	27,9	18,3
MOYEN-CHARI	454 000	90 800	40 118	44,1	20,2
OUADDAI	367 000	73 400	4 350	5,9	2,3
SALAMAT	99 000	19 800	1 803	9,1	1
TANDJILE	287 000	57 400	19 244	33,5	10,3
TOTAL	4 030 000	806 000	192 725	23,9	

Population scolarisable = 20% de la population totale (taux de l'U.N.E.S.C.O)
Population au 30. 6. 75 (source sous-direction de la statistique).
Population scolarisée = Effectif du primaire (5-14 ans)

TAUX DE SCOLARISATION PAR PREFECTURE : 1975

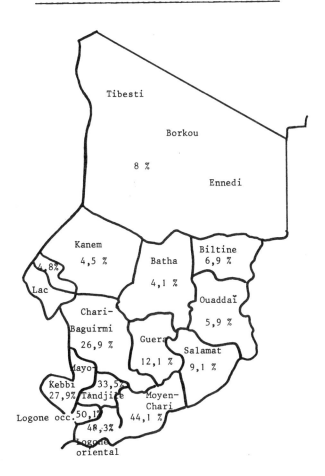

Une carte semblable pour les années 1965-1966 se trouve dans l'ouvrage de GONIDEC, P.F., 1971, La République du Tchad, Paris, Berger
Levrault, p.14.

4. 3. L'enseignement rencontre un certain nombre de
problèmes qui ne sont pas simplement organisationnels.

- Une scolarisation inégale suivant les régions où le
nord et l'est sont nettement moins scolarisés que le sud et
l'ouest comme on peut s'en rendre compte sur la carte précédente.

- Une scolarisation inégale suivant les sexes (Tableau
Infra.)

- Des classes surchargées d'élèves (Tableau Infra).

EFFECTIFS SCOLARISES DANS LES ECOLES PRIMAIRES PUBLIQUES DU TCHAD
EN 1974 - 1975.

PREFECTURES	GARÇONS	FILLES	TOTAL	NOMBRE DE CLASSES	EFFECTIFS MOYEN PAR CLASSES
BATHA	2 102	830	2 932	99	30
B.E.T.	1 102	246	1 348	35	39
BILTINE	1 692	460	2 152	40	54
CHARI-BAGUIRMI	15 281	10085	25 366	330	77
GUERA	2 573	965	3 538	108	33
KANEM	1 461	526	1 987	49	41
LAC	1 078	444	1 522	61	25
LOG.OCC.	16 261	4 833	21 094	259	81
LOG.OR.	20 260	6 148	26 408	495	53
MAYO-KEBBI	27 931	5 591	33 522	454	74
MOYEN CHARI	26 010	10 401	36 411	537	68
OUADDAI	3 195	1 075	4 270	87	49
SALAMAT	1 332	537	1 869	33	57
TANDJILE	15 835	3 188	19 023	224	85
Ensemble TCHAD	136 113	45 329	181 442	2 811	65

- Une répartition inégale des effectifs dans les différentes classes (1).

	Nombre d'élèves en 1964-65	Pourcentage respectif
CP1	68 329	46,21%
CP2	27 482	18,59%
CE1	18 735	12,67%
CE2	18 838	9,36%
CM1	10 111	6,84%
CM2	9 364	6,33%

- Une déperdition des effectifs due au problème du redoublement généralisé et à la lassitude des élèves, ainsi qu'à des questions économiques et psychologiques que nous examinons dans les problèmes liés à la perception qu'ont la population de cette institution qu'est l'école.

C'est, selon les auteurs de l'Essor du Tchad, "...lors du passage des élèves du CP1 au CP2 que l'on constate le pourcentage de perte le plus élevé" (p.330) ; ils donnent plusieurs exemples, notamment :

ANNEE SCOLAIRE	ELEVES DU CP1	ANNEE SCOLAIRE	ELEVES DU CP2	% DE PERTE LORS DU PASSAGE DU CP1 auCP2
1959-60	27 052	1960-61	13 873	51,2%
1963-64	64 404	1964-65	27 482	57,3%

---

1. Exemples extraits de l'Essor du Tchad, p.331.

4. 4. Les autres questions soulevées par l'école sont contenues dans les représentations sociales, soit de façon générale dans l'ensemble des opinions et croyances exprimées à ce sujet.

Nous faisons la distinction entre la perception des élèves, vision de l'école de l'intérieur et celle de la population en général, vision externe, la seconde pouvant aussi concerner la catégorie des scolarisés, l'inverse n'étant pas vrai.

4. 5. La perception des élèves.

- Le redoublement est souvent incompris jugé comme une manoeuvre machiavélique de l'enseignant qui userait de ce pouvoir comme arme de vengeance ou de répression.

Il n'est pas hardi d'interpréter cette incompréhension comme un fait de culture ; en effet la problématique de l'échec et de la réussite réactualisée chaque année ne fait pas partie de la culture traditionnelle, surtout en milieu rural.

Parler comme dans les textes d'inspection académique de "scolarité normale" (sans redoublement) c'est généralement avancer que le taux d'échec est très faible par rapport à celui de réussite. Or c'est l'inverse qui est de rigueur au Tchad établissant l'anormalité de l'institution comme norme de fait... Le problème demeure de savoir si l'idée de redoublement est abusive...

- L'école est souvent perçue comme inefficace essentiellement dans les premières classes du cycle primaire. En effet, la compréhension d'un discours ou d'une conversation en français intervient généralement au bout de trois ou quatre années. Cette inefficacité se double d'une inutilité de l'école, toujours selon le point de vue des élèves, lorsque après quelques années de scolarisation dans le primaire, l'enfant abandonnant l'école, immergé dans un milieu non francophone (traditionnel), perd tout ce qu'il avait acquis.

4. 6. Perception des populations.

De façon générale, l'école est le centre d'un paradoxe.

- d'une part, elle est auréolée de prestige et il est bien
établi dans les structures de pensée qu'elle est un moyen d'émanci-
pation économique ou au moins d'ouverture à un autre monde, monde
saisi à travers des stéréotypes correspondant néanmoins à des
réalités : pouvoir d'achat plus conséquent, appropriation de
"gadgets", pouvoir de choix d'une ou plusieurs femmes, possibilités
de voyages, statut social donnant l'illusion (qui n'en est pas une
parfois) de détenir une parcelle de pouvoir. De fait, l'école est
bien sentie comme l'accession à un pouvoir.[1]

- d'autre part, l'école est parfois désertée et suspectée.

4. 7. L'école est désertée pour des raisons économiques.

. de nombreuses communautés entendent attacher les enfants
à des tâches domestiques (s'occuper du troupeau, transporter l'eau,
etc...) plutôt que d'en faire des écoliers.
Le refus de céder une force immédiate de travail productif supplante

---

1. Ainsi l'école instaure l'idée d'un futur proche, quelques années
d'école, différent du présent. Un avenir autre, même s'il est
précaire, domine aujourd'hui le présent alors qu'autrefois le futur
n'était que la répétition du présent conçue comme répétition
du cycle annuel des diverses activités profanes et sacrées. D.
WESTERMANN , 1937, Noirs et Blancs en Afrique, éd; Payot, relève
ce dernier fait et l'explique naïvement par la passivité des
hommes :
   "Le système de l'éducation explique de plus pourquoi
   un jeune homme ne fait pas de plan pour la vie, ne se fixe
   pas de but et ne déploie pas ses efforts pour l'atteindre.
   L'individu, comme tel, n'a pas de but dans la vie si sa
   tâche est d'être exactement pareil aux autres. Il n'a pas le
   choix d'une profession, car la naissance fixe pour la vie
   l'état social de chaque individu." (WILLOUGHBRY). Le chemin
   est tout indiqué : le fils de paysan devient paysan, le fils
   du pêcheur, pêcheur." p.174
Aujourd'hui les potentialités d'un autre réel différent du cycle
traditionnel apparaissent avec l'école et la civilisation occiden-
tale.La réalisation de cette autre vie est souvent vécue comme une
chance (Dieu m'a choisi) et perçue de façon onirique par les
populations rurales.

l'idée de constitution d'un "capital savoir" rentable à long terme.
D'ailleurs toute démarche visant une épargne quelconque est un trait
absolument étranger commun à toutes les ethnies du pays.

. Le nomadisme de certaines populations est difficilement
compatible avec l'esprit sédentaire de l'école.

4. 8. L'école est suspectée.

. Certaines ethnies ont toujours manifestées beaucoup de
suspicion à l'égard des institutions qu'elles considèrent encore
aujourd'hui comme étrangères : l'école publique et l'enseignement
du français, les diverses représentations administratives étatiques :
préfecture, gendarmerie, douane, services agricoles.

L'affiliation religieuse détermine un partage significatif
des populations en ce qui concerne leurs attitudes à l'égard de
l'école et de la culture scolaire. ISSA KHAYAR[1] le note fort
justement :

> "Lors de la pénétration coloniale, à la fin du XIXe
> siècle, des ethnies ou peuples divers habitaient de part
> et d'autre du fleuve Chari. Des différenciations culturelles,
> linguistiques, géo-historiques et économiques opposaient
> ces populations. Celles du Nord-Est avaient une organisation
> politique, militaire, religieuse islamique ; au sud-ouest,
> la chefferie était la base d'une organisation traditionnelle"
> (p.63) (2)
> "... A la différence des peuples du Nord-Est qui considé-
> raient la colonisation comme une confrontation ou un
> affrontement entre l'Islam et le Christianisme, ceux du
> Sud-ouest y voyaient au début un mouvement qui les
> libérait de leurs voisins dominateurs et   "esclavagistes",
> pour les conduire vers un monde "civilisé". Reléguée au
> second plan par l'école coloniale, combattue par l'Eglise
> chrétienne, la conception traditionnelle de l'éducation
> semblait appartenir, aux yeux de certains, à une période
> révolue"(p.65)

---

1. KHAYAR, Issa, H. 1976, Le refus de l'école, contribution à
   l'étude des problèmes de l'éducation chez les musulmans du Ouaddaï
   (Tchad) ed. Maisonneuve.
2. Les royaumes de Kanem, du Baguirmi et du Ouaddaï constituaient
   le nord-est.

Ce qui n'est pas le cas des musulmans qui manifestèrent toujours
une certaine hostilité à l'égard de l'école et de la civilisation
occidentale. Les parents et plus généralement la communauté
islamique ne transmettent pas à leurs enfants ce que BOURDIEU et
PASSERON [1] appellent "la bonne volonté culturelle" et ne "prêchent
pas la dévotion à l'école" (p.34) [2]

. Parce qu'elle est un lieu de distribution d'un certain
type de pouvoir correspondant à des normes culturelles étrangères.

Le pouvoir qu'offre l'école est souvent perçu comme un pouvoir
maléfique qui détruit plus qu'il n'apporte ; car ce pouvoir est
antinomique avec le respect d'un ordre traditionnel. Même s'il
n'est pas formulé de cette façon (et même parfois pas du tout)
le sentiment de négation que peut apporter l'école existe chez les
populations rurales. Il n'est que de voir le comportement de
certains étudiants suivant dans leur village natal exportant le cos-
tume à la mode, le transistor et les danses modernes, refusant
de passer une soirée traditionnelle s'exprimant en franglais pour
séduire les jeunes filles qui ne parlent que leur langue maternelle ;
si naturellement ces comportements ne sont pas du seul ressort
de l'école mais surtout du milieu urbain, ils sont néanmoins perçus
comme manifestations de scolarisés.

Dans la perception des ruraux, le marché proposé par l'école
est unilatéral. Il est même un don, un enfant donné à l'école,
dont on se demande si on doit en attendre quelque chose en retour.
Rien dans l'immédiat si ce n'est une bouche à nourrir et pour
l'avenir des perspectives obscures.

Ces persepctives obscures s'éclaircissent quelquefois enracinant
l'idée d'une certaine réussite par l'école, deuxième écho du

---

1. BOURDIEU et PASSERON,1970, Les Héritiers, éd. de minuit,p.34.
2. Cf. KHAYAR,I.H. op.cit.,p.101 et suiv.sur le refus de l'école au
   Ouaddaï.

mouvement pendulaire des représentations sociales de l'école.

4. 9. A partir des perceptions qu'ont les populations de
l'école il est possible de schématiser de façon grossière les
conflits créés par l'école entre élèves et les gens situés à
l'extérieur de l'institution.

Nous considérons que les élèves s'adaptent ou ne s'adaptent
pas à l'école ; dans ce dernier cas ils refuseraient d'aller à l'école.
Cette décision leur appartient même si elle n'est pas totalement
individuelle, suggérée par le milieu, parents, amis, ou autres
écoliers ; en effet la pression sociale qui scande la nécessité
de l'école n'existe pas au Tchad comme en Occident et n'importe
qui peut quitter l'école au moment où il le désire sans qu'il en
soit trop inquiété par son entourage.

Nous considérons que les gens extérieurs à l'école l'adoptent
ou non, ce qui n'est qu'une forme d'adaptation. Cette appellation
permettant mieux de saisir les deux groupes sociaux que nous
avons posés. Nous obtenons ainsi quatre matrices que nous commen-
tons rapidement.

$$\text{adaptation} \quad \begin{bmatrix} + \\ + \end{bmatrix} \quad \begin{bmatrix} + \\ - \end{bmatrix} \quad \begin{bmatrix} - \\ + \end{bmatrix} \quad \begin{bmatrix} - \\ - \end{bmatrix}$$
adoption

Les matrices homogènes, ayant le même signe, représentent des
situations de non conflit entre les gens : la matrice $\begin{bmatrix} - \\ - \end{bmatrix}$ représente
un refus généralisé de l'école tandis que la matrice $\begin{bmatrix} + \\ + \end{bmatrix}$ manifeste
une appropriation de l'institution. Dans le premier cas la
communauté sera valorisée dans le deuxième, ce sont l'école et
le statut d'élève qui le seront.

Entre ces deux pôles extrêmes les matrices $\begin{bmatrix} + \\ - \end{bmatrix}$ et $\begin{bmatrix} - \\ + \end{bmatrix}$ manifestent
plus de différence entre elles qu'il n'y paraît. Si dans les deux

cas le conflit s'établit entre l'élève et la société (l'individu
contre la société ou l'inverse) dans le premier, l'école n'est pas
encore le mode dominant d'éducation et ne se situe pas totalement
dans la sphère de la communauté tandis que dans le second cas,
l'école s'est substituée au système traditionnel d'éducation
(éducation sans l'idée d'école au sens occidental) qui, lui, est
du même coup restructuré.

4. 10. Les comportements des populations et leurs représentations à l'égard de l'école et de la culture qu'elle produit
deviennent plus précis si l'on prend en considération non plus
deux groupes a priori situés réellement par rapport à l'école
(dans ou à l'extérieur de celle-ci) mais les "classes" sociales
que nous avons dégagés dans le chapitre 2.

Le degré de l'acculturation par rapport à la communauté
d'origine est lié au degré de valorisation de la culture de l'école.

Couche supérieure : valorisation de l'école ; tend à se couper
                     de la communauté et ne vit pas l'apprentis-
                     sage de la nouvelle culture comme reniement.

Couche moyenne :   fort désir d'acquérir un certain type de
                     savoir, ne s'est pas détachée de son groupe
                     d'origine.

Couche inférieure : désir d'accéder à une certaine culture
                     pour ceux qui sont immergés dans l'école ; re-
                     fus de l'école pour les autres, très net
                     chez les Musulmans.

Par ailleurs, l'acculturation se lit dans les écarts des différents
comportements sociaux entre les parents, les frères, de façon
générale demeurés au village et celui ou ceux qui ont accédés au
savoir occidental : une façon de parler la langue maternelle différente et possession d'une ou plusieurs langues différentes.
"Le désir de l'ascension" par l'école existe aussi dans les classes
inférieures et quelquefois il n'est pas moins fort que dans les
classes moyennes. Mais il devient puissant une fois que les enfants

ont été à l'école. Quant aux parents, leur désir, lorsqu'il existe
n'est qu'un fantasme projeté sur leur progéniture, dont la
réalisation est souvent vécue comme un fait exceptionnel.

La classe inférieure n'est donc pas celle qui adhère le plus
aux valeurs scolaires. Pour cette classe (et pour toutes en général)
ce n'est pas le prestige d'une culture qui détermine la volonté
ou le refus de l'acquérir.

En effet, la reconnaissance par les couches inférieures de la
culture scolaire n'implique pas une volonté obstinée d'accéder
à cette culture. Il semblerait que leur condition même (couche
inférieure) et les difficultés d'accéder à l'enseignement secondaire, a fortiori supérieur, conditionnent leur comportement.
Les difficultés objectives d'accès à l'enseignement régulent
leurs comportements ("l'école c'est pour les autres") qui, en retour
renforcent cette machinerie.

Dans les couches inférieures, le prestige du savoir culturel
n'est encore qu'une valeur. Il n'est pas comme dans les couches
moyennes une possibilité d'accès à une réussite sociale. Et peut-
être faudrait-il aller plus loin, les couches inférieures valorisent
le savoir de l'école tandis que les couches moyennes utilisent
l'école du savoir pour de fait ne valoriser que la réussite sociale.

Suivant un ordre ascendant des classes sociales, le prestige
culturel ou la valorisation de la réussite sociale est fondamental
ou secondaire.

Couche inférieure : valorisation du prestige culturel.
Couche moyenne :   valorisation de la réussite sociale ; la
                   culture est un moyen et est peu importante
                   en regard de la réussite.

Couche supérieure : réussite sociale explicite. La réussite
n'est plus un problème puisqu'elle est un
acquis et que quasiment elle se transmet.
"Les héritiers ", pour reprendre une expression de Bourdieu et Passeron,se préoccupent
de culture qui de nouveau est valorisée mais
différemment des couches inférieures.
Elle l'est de plusieurs façons qui renvoient
à des groupes sociaux ou des comportements
idéologiques fort différents.
Si le savoir peut être repris de manière
traditionnelle et renvoyer l'image que s'en
font les couches inférieures, il peut être
aussi contesté comme étant un savoir falla-
cieux.

On comprend mieux les difficultés des enfants des classes inférieures :
leur manque de détermination à acquérir une certaine culture ne
facilitera pas leur immersion dans un savoir qui leur est totalement
étranger.[1]

4. 11. Ces comportements   types (cf.4.9.) par rapport à
l'école ont leur homologie dans les différentes étapes de
l'histoire des rapports entre l'école et les communautés où elles
ont été implantées.

1. La communauté seule correspondant à la matrice $\begin{bmatrix} - \\ - \end{bmatrix}$

2.) Coexistence entre la communauté, ses formes d'éducation
3.) propres et l'école, correspondant aux matrices $\begin{bmatrix} + \\ - \end{bmatrix} \begin{bmatrix} - \\ + \end{bmatrix}$

4. L'école seule forme d'éducation correspondant à
   la matrice $\begin{bmatrix} + \\ + \end{bmatrix}$. Cela n'implique pas l'évacuation de la
   communauté ; mais il est nécessaire qu'elle soit redéfinie
   tant elle a été restructurée.[2]

---

1. Cf. BOURDIEU et PASSERON, 1964, Les Héritiers, éd.minuit,p.38.
2. Un renversement de cette évolution est pensable mais les
   modalités en sont extrêmement floues.

4.12. L'étape 2,correspondant à un état où les diverses
communautés sont encore fortement valorisées tandis que l'école
est en voie de l'être, concerne la situation du Tchad. L'école,
innovation sociale, n'a pas encore tissée son réseau de lois sur
les individus. Elle est encore une institution plaquée, îlot
malmené par une vie locale, africaine, qui lui est étrangère.Le
texte que nous présentons témoigne de cette image. Il s'agit d'une
lettre du directeur de l'école de Béro,M.ISSANGWAI parue dans le
courrier des lecteurs de Tchad et Culture.[1]

"Alors que l'Education Nationale est la priorité des
priorités, les enseignants exerçant en brousse se heurtent
à de graves difficultés conduisant au relâchement.
La fréquentation quotidienne est inexistante. Dans
certaines écoles de village on travaille 15 à 20 jours sur
30 par mois. Quant à la ponctualité, elle fait couler les
larmes. On sonne la rentrée à 7h et on attend dans la cour
jusqu'à 9h ou 10h pour recevoir 5 à 10 élèves par classes.
S'il y a une cérémonie traditionnelle ou une fête locale,
les élèves s'accordent eux-mêmes 3 à 4 jours de congé. A
quoi aboutit une telle situation ?
Si les maîtres essaient de stimuler les enfants à
l'assiduité, à la ponctualité et au travail appliqué par
quelques sanctions réglementaires, c'est le soulèvement
agressif des parents. Les élèves sont excités à l'entête-
ment,à l'impolitesse, bref, aux actes barbares. Dans
beaucoup de villages, certains maîtres ont reçu des coups
durs et des outrages pour avoir voulu tout simplement
inculquer de bonnes lignes de conduite aux élèves. Mais
ce qui décourage le plus, c'est lorsqu'un infirmier,
un garde, un douanier, un gendarme, un agent de l'ONDR,etc ...
arrive dans le village, il est mieux respecté et écouté qu'un
maître.
Dans le cadre de mon école, nous avons tout fait au
départ pour nous intégrer dans le milieu. Mais nous avons
été repoussés. Les parents refusent d'assister aux
réunions organisées par l'école et ne répondent pas aux
convocations. L'hostilité des parents et des élèves s'est
transformée en trois semaines de grève de la part des
élèves.
Comment peut-on espérer de bons résultats avec tant
de difficultés ? Un maître qui a perdu ses avancements
depuis 4 ou 6 ans se ressaisit pour faire quelque chose
mais il se sent de toute part rejeté par la société. Les
difficultés et les souffrances des maîtres sont causées
par la multiplication des écoles, installées dans n'importe
quel village. Ne peut-on pas concentrer les écoles dans
les villages importants en attendant que l'utilité de
l'école soit comprise de tous et que le nombre d'enseignants croisse ? Autrefois,quand on allait chercher l'école
à 10km, les maîtres n'éprouvaient pas tant de difficultés

---

1. N'Djaména, n°95, juin 1976.

et réussissaient mieux leur travail. Actuellement,
le maître qui, sans le vouloir, travaille deux à
trois heures par jour et 15 à 20 jours par mois
et qui est régulièrement rémunéré, ne vole-t-il pas
l'Etat ?(...)

4. 13. Il apparaît à la lecture de cette lettre que l'irrespect
de l'école et de ses représentants soit le comportement le
plus prisé des populations pour manifester leur hostilité contre
l'institution et le privilège qu'elles accordent au mode de vie
traditionnelle.

Le monde de l'école et celui de la vie traditionnelle sont
explicitement opposés dans cette lettre :

THEMES	MONDE DE L'ECOLE	MONDE TRADITIONNEL
Temps et calendri-er	Fixité des horaires Fixité des jours d'école et de congé	Rythme des cérémonies traditionnelles ou des fêtes locales.
Education	"Les bonnes lignes de conduite" (assiduité, ponctualité,travail, appliqué).	"Actes barbares".Pour les populations,les enfants ne sont pas encore con-sidérés comme appartenant à l'école mais toujours à la communauté.
Stratégie sociale	"Volonté d'intégra-tion"des maîtres	Refus de participer aux réunions organisées par l'école.
L'école et son référent	Pour les maîtres,repré sentant de l'école, le référent de l'école et d'euxmêmes est l'Etat :"ne vole-t-il pas l'Etat".	Pour les populations le référent de l'école, c'est ce qui est étranger,antinomique avec leur mode de vie.

4. 14. L'école est une innovation sociale, en ce sens qu'elle
est une institution ayant déjà ses règles qui se trouve confrontée
à des sociétés dont le mode de vie et la conception du monde sont

totalement différents.

De fait, il s'agit d'une confrontation entre deux systèmes éducatifs. L'un traditionnel où l'enfant est initié à la vie par et dans le groupe, l'autre, moderne où l'école opère comme médiation dans le processus initiatique. La différence entre ces deux systèmes est grande. Le clivage les opposant peut être repéré de façon grossière à travers le nouveau conditionnement qu'impose l'école mais aussi, de façon plus subtile, à travers la différenciation des ritualisations des actes de la vie quotidienne.

4. 15. Les nouvelles conditions que découvrent les élèves qui entrent à l'école sont évidentes :

- un espace nouveau par rapport à l'espace villageois. Au sein de l'école il apprend qu'il a une classe et qu'à l'intérieur de celle-ci il dispose d'une place.

- un temps et un rythme nouveau : on n'entre ni on ne sort de l'école selon son bon plaisir. La segmentation du temps est fort différente de celle proposée par la nature, les travaux quotidiens, ou les prières pour les musulmans.

- une hiérarchie nouvelle : directeur-enseignant ; au-dessus-au-dessous de   la moyenne ; premier-dernier. Ces oppositions impliquant nécessairement des relations de concurrence.

Ces différents aspects sont vivement perçus car ils sont antinomiques avec le mode de vie des élèves. Il n'y a pas comme chez les élèves occidentaux intégration de ces normes transmises par les parents, eux-mêmes modelés par ce système.

4. 16. Pour connaître les fonctions de l'école occidentale transplantée en Afrique et plus particulièrement au Tchad, il est nécessaire d'examiner le système d'éducation traditionnel des enfants et de voir comment la ritualisation de la vie quotidienne est supplantée puis gommée par une régulation nouvelle imposée par l'école.

Il nous semble qu'un des points centraux de cette différenciation entre deux modèles d'éducation soit à chercher dans le rapport qu' entretiennent les enfants et les adultes.

Dans la société traditionnelle, il n'y a pas de ruptures entre ces deux catégories d'individus. Très tôt dès qu'il sait marcher et manger, le petit garçon est inclus dans le groupe des hommes, mangent avec eux, participe à certains travaux comme s'occuper du troupeau ou prend part à la pêche etc... La même chose concerne la petite fille par rapport au groupe des femmes.[1]
Contrairement au système occidental, la principale coupure entre adultes et non adultes ne se situe pas après l'adolescence dont on sait qu'elle peut se prolonger jusqu'à vingt cinq ans et plus grâce à l'école et l'université, mais concerne une période entre le sevrage(2-3ans) et la capacité de l'enfant à participer à certaines tâches(6-7ans). Cette épriode est bien marquée dans le lexique des Kotoko, des Arabes Babalia et des Kanembou Ngaldoukou par exemple.[2]

1.MEISTER,A,1973 ,Alphabétisation et développement, le rôle de l'alphabétisation fonctionnelle dans le développement économique et la modernisation,éd.Anthropos.
Cet auteur relève cette union entre parents et enfants :
"Du point de vue fonctionnel, toute éducation ou transmission de savoir remplit une fonction sociale.De ce point de vue,les sociétés les plus retardées possèdent une richesse de savoir,de techniques, de modes de vie transmis par "l'école sans bancs" du contact quotidien avec les adultes".
Et il conclut :
Dans ces conditions, considérer l'analphabétisme de ces sociétés comme un fléau,relève d'un impérialisme culturel et rappelle l'attitude missionnaire du siècle dernier".(p.26).
2.Cf. P. BOUNY,C.BOUQUET,C.DECOBERT,F.JOUANNET,1976-77, Géographie et Linguistique dans l'approche interdisciplinaire des milieux tropicaux africains, Travaux R.C.P. n°3 1580,C.N.R.S., "L'homme et le milieu". Plus particulièrement "les étapes de la vie", 55p.

KOTOKO	ARABE	KANEMBOU
2-3ans [wùlà yàllàyâ] "l'enfant est sevré" ↕ 5-6ans[wùlà nàbèrâ 6-7ans_{dìwùsê}] "l'enfant peut aller dehors tout seul."	[mafṣul] "sevré" ↕ [sārray] "l'enfant est capable de garder le troupeau".	[sàttànǎ] "sevré" ↕ [tùlǔ] "l'enfant n'est pas encore circoncis".

4. 17. Issa Hassan Khayar dans son livre le refus de l'école[1] note bien la solidarité entre les différentes classes d'âges dans la société maba du Ouaddaï malgré leurs fonctions différentes :

"Dans tous les clans l'organisation sociale est hiérarchisée et aboutit aux mêmes normes. Au sommet les vieux sages, dont le rôle consiste à introduire les générations nouvelles dans la connaissance de leur groupe et de ses coutumes. Tandis que les adultes s'occupent de la défense, de la survie matérielle et de la transmission des conseils que leur prodiguent les sages, les jeunes reçoivent des uns et des autres leur éducation (p.28).
"...ces classes d'âge font subir aux jeunes toutes les épreuves de l'initiation (scarifications, circoncision, enseignement religieux et social) tel est le système éducatif qui permet leur entrée dans la communauté maba.
Ils passent par trois périodes successives avant d'être admis dans le monde des adultes.
Durant la première phase de son enfance, le jeune garçon ou fille, ne quitte pas le cercle des femmes ; ce n'est que dans la deuxième période (sept à douze ans) que le garçon reçoit son éducation de son père et de tous les hommes de son clan. Il deviendra, selon les circonstances, cultivateur,pêcheur,chasseur, berger, et participera ainsi à la survie matérielle de sa famille. La fille,dès son jeune âge, doit rester à la maison où sa mère lui apprend les travaux ménagers : elle peut donc aider celle-ci, et plustard poursuivra les mêmes besognes lorsqu'elle se mariera.

---

1. Khayar Issa, H., 1976,Le refus de l'Ecole.Contribution à l'étude des problèmes de l'éducation chez les musulmans des Ouaddaï(Tchad) Préface de Tubiana,J.,Paris,Maisonneuve.

De douze à dix huit ans, le garçon s'initie à son
rôle d'adulte ; Les adultes et les sages lui apprennent
tout ce qu'il doit savoir sur son environnement culturel
et géographique. Durant la même période, la fille est
préparée à son futur rôle de mère..." (p.28).

Il est explicite que l'éducation de l'enfant d'une part est
prise en charge par l'ensemble des adultes, qu'il n'y a pas de
médiation entre eux et que d'autre part, l'intégration dans le
monde adulte est très souple et rapide. La différence entre la
deuxième et la troisième période qu'opère Khayar si elle existe
effectivement est plus une coupure que marque la circoncision :
avant la circoncision (7-12ans), après la circoncision (12-
18ans) qu'une séparation entre les adultes et les enfants ; en
effet qu'il s'agisse de la période de 7-12ans ou de la suivante,
la solidarité entre ces classes d'âges n'est pas émiettée.

4. 18. Nous n'entrons pas dans les détails mais une étude
spécifique serait à faire qui envisagerait cet apprentissage
non pas simplement comme une éducation mais comme un processus de
non différenciation entre le monde des adultes et le monde des
enfants sans pour cela réduire ce dernier, c'est-à-dire sans nier
sa spécificité.

Cette stratégie d'intégration des enfants très tôt dans le
monde adulte nous semble fondamentale. L'unité qui en résulte est
perceptible au niveau des discours tenus par les adultes à propos
de leur propre vie. A aucun moment il n'est question d'éduquer les
enfants selon un modèle idéalisé de leur progéniture ou une conception désirée (non réelle) de ce que doit être la vie de l'adulte.
Sur cette question, il serait intéressant de faire un historique des modèles pédagogiques occidentaux en montrant comment
le rapport enfant-adulte a toujours été faussé, l'éducation consis-
tant à éduquer l'enfant selon un modèle adulte idéal (non atteint)
ou une conception idéale de l'enfant posant à chaque fois une
barrière entre les deux.

Il n'est pas question de nier l'action qu'exercent les adultes sur les enfants. Il convient seulement de remarquer que les enfants intègrent très tôt l'univers des adultes sans que ceux-ci leur voilent ce monde.[1]

4. 19. On saisit mieux ce rapport, si on le compare à celui des enfants et des adultes des sociétés occidentales. L'éducation y est aussi présentée, comme la transmission d'un savoir et la formation du futur adulte. Mais il existe une profonde contradiction entre la vocation de l'école et l'abondance de réalisation de ces principes manifestée par la coupure existant entre le monde des adultes et celui des non adultes. Il s'agirait plutôt d'un apprentissage de ce que le futur adulte devra savoir et devra enseigner à ses enfants, soit l'apprentissage de leur coupure actuelle avec le monde des adultes et réciproquement de leur futur éloignement du monde non adulte lorsqu'ils auront vieilli.

L'histoire de l'éducation d'un enfant est donc celle de sa séparation du monde des grands.[2]

Le premier pas que l'on franchit dans ce système commence par l'entrée à l'école où l'enfant est extrait de ses relations habituelles, famille essentiellement, pour pénétrer dans un monde clos avec des semblables et un "maître". Il n'est guère gênant qu'il y ait des semblables qui ne sont pas précisément des adultes.

---

1. L'initiation dans certaines communautés ne doit pas être négligée. Elle est fondamentale dans la vie des enfants et marque généralement le passage de la vie d'enfant à celle d'adulte. Sans nier la signification très élaborée de ce type d'éducation, il convient de remarquer qu'elle est le couronnement d'une "éducation par l'exemple" et en aucun cas une simple admission des enfants dans le monde adulte comme s'ils avaient été désunis auparavant. L'initiation n'est qu'une procédure symbolique à caractère sacré fixant le passage d'un individu dans une nouvelle classe d'âge. L'initiation peut être considérée comme le parachèvement de l'éducation des enfants ; les croyances et coutumes sont à ce moment là transmises comme de façon définitive par un certain nombre de rites dans la perspective, par ailleurs de maintenir la cohésion du groupe. Il est certain que l'initiation n'est pas que cela ; il importait seulement de souligner cet aspect pour notre propos.
2. La chose peut nous sembler naturelle mais elle l'est beaucoup moins en regard des sociétés différentes.

Quant à la relation unilatérale avec l'adulte, (en service salarié), la dénomination, le "maître", polysémantique, suffit à démontrer son caractère **coercitif établi sur** une liaison ordre-obéissance, clairement affirmée dans l'institution et intégrée par les acteurs (1).

4.20. Cette rupture apparaît aussi dans un certain type de savoir prodigué par les adultes. Dans les sociétés occidentales, chaque adulte est un apprenti éducateur et a "des idées" sur ce qu'on doit faire et ne pas faire, dire et ne pas dire selon qu'on est enfant ou adulte. L'exemple certainement le plus probant de ce partage est suggéré par les difficultés qu'éprouvent les adultes à parler des relations sexuelles entre l'homme et la femme aux enfants (2). Les parents choisissent la voie du silence : "on verra quand tu seras grand" ou la voie du mythe "les enfants naissent dans les choux".

Lorsqu'il est impérieux de répondre aux interrogations des enfants, le monde réel des adultes est transposé dans une sphère idéalisée chargée de mystères (3). Il y aurait beaucoup à dire sur l'inadéquation entre le discours tenu à propos des relations homme-femme et les pratiques existantes. Alors que dans certaines

---

1. On sait que certains élèves participent à cette claustration et à ce type de rapport pendant de nombreuses années. Quand certaines vocations se manifestent, on les envoie à l'Ecole Normale dernier filtre à toutes anormalités. Remarquons par ailleurs, que cette dénomination, Ecole Normale, implique qu'il ne peut y avoir d'autres écoles ou d'autres systèmes d'éducation.
2. Cette question n'est pas ou peu abordée dans les manuels scolaires. Et si elle l'était elle pourrait s'interpréter comme une démission des parents face à ce problème, qui l'abandonnerait à l'école comme avec soulagement. Quant à l'école, elle abordera le sujet de manière "scientifique" en confiant la question à la matière dite "science naturelle". L'enseignant désigné parlera de la vie des animaux et fera une comparaison sommaire, avec lui aussi, un certain soulagement. Ainsi sur cette question, les diverses stratégies auront permis de sauver la rupture entre le monde adulte et le monde des enfants.
3. Soit un système d'idées infantiles qu'il faut entendre comme destiné aux enfants. L'ambiguité du sémantisme de ce mot concerne les enfants mais peut être retournée, comme on le voit, au monde des adultes.

communautés africaines ce type de distanciation n'existe pas ou peu,
les adultes parlent librement de leurs pratiques devant les enfants.
Nous n'avons pas relevé de "sujet qu'on n'aborde pas devant les enfants" (ce qui n'implique pas qu'il n'en existe pas), la question
vaut d'être posée, existe-t-il des thèmes socialement codés de telle
sorte qu'il serait interdit de les aborder en présence d'enfants.

4.21. La position entre adultes et enfants pourrait être
cherchée dans d'autres thèmes. De façon générale elle est contenue
dans les homélies suivantes :

> "Quand tu seras grand, tu feras ce que tu voudras".
> "Les enfants n'ont pas le droit de faire tout ce que
> les parents font."

dont la fonction explicite est de marquer la frontière.

4.22. Nous avons donc deux types de relation pédagogique
suivant deux types de société, occidentale ou africaine (communauté
traditionnelle).

Occident	Afrique
Séparation enfant-adulte	union très tôt enfant-adulte
Monde des adultes clos	Monde des adultes ouvert
Rapports clandestins et mystérieux pour les enfants entre les parents	Rapports non secrets
Privatisation du savoir opéré par les adultes	Publicité du savoir

4.23. L'école a donc une fonction très particulière en Afrique.
Elle n'est pas comme en Occident une reproduction de la structuration
en classes de la société (1) puisqu'elle est une innovation sociale
totalement étrangère aux communautés sur lesquelles elle est greffée.
Elle ne reproduit donc que la société dont elle est issue et se présente en regard   des communautés traditionnelles africaines
comme un système nouveau.

L'école en Afrique est nécessairement confrontation entre la
société qu'elle représente et celle où elle est plaquée. La perception qu'ont les gens de l'école rend compte de ce conflit : il n'y
a pas intégration de l'institution par les populations, considérée
alors comme nécessité sociale.

Ce conflit entre deux types de sociétés médiatisé par l'école
est posé par la violence de celle-ci qui est toujours présentée comme légitime, ignorant l'altérité des systèmes d'éducation.
Ainsi l'école n'est pas simplement le représentant ou le délégué
d'une société dont elle se fait l'écho. L'une de ses fonctions est
d'imposer un certain type de société et une certaine culture qui
implique la négation des sociétés traditionnelles antinomiques du
modèle de société que l'école véhicule. Si en occident l'école a
une fonction passive de reproduction de l'ordre et de son maintien,

---

1. Cf. sur la reproduction BOURDIEU, P. et PASSERON J.C.
       - 1964. Les Héritiers, ed. Minuit.
       - 1970. La reproduction, éd. Minuit.

en Afrique, elle a pour fonction de subvertir un ordre pour asseoir
le sien (1).

4.24. La transmission d'un certain savoir, d'une certaine
culture, de façon générale d'un ordre par l'école et, par conséquent la transformation (ou la négation) des systèmes autochtones
sont facilitées par la malléabilité des enfants, terrain plus per-
méables, aux réalisations des projets de l'institution.

La ritualisation de la vie scolaire tend à son intégration
par les élèves, premiers pas vers l'adoption d'une ritualisation
assumant la vie quotidienne de l'écolier à l'extérieur de l'école.
Cette métamorphose des comportements est inscrite dans le prosélytisme de l'école qui propose une éducation selon les idéaux de la
société qu'elle représente et dans sa violence qui n'admet pas
l'idiosynchrasie des sujets qu'elle entend former. En entrant à
l'école, l'enfant africain a, en effet, tout à apprendre contrairement à l'écolier occidental qui sait déjà quelque chose. L'écolier

---

1. Même l'alphabétisation fonctionnelle a le même rôle qui consiste
à transformer les individus et leur culture en fonction d'un modèle
de développement économique. C'est du moins ce que note Albert
MEISTER, 1973, Alphabétisation et développement, le rôle de l'alphabétisation fonctionnelle dans le développement économique et la
modernisation, éd. Anthropos.
"... en introduisant une composante de formation profession-
nelle dans les programmes d'alphabétisation, l'alphabétisation fonctionnelle traduit en termes d'action ce qui vient
d'être dit : à savoir que la simple alphabétisation est un
levier trop faible pour faciliter le passage d'une situation
culturelle à une autre. L'expérience des campagnes massives
d'alphabétisation avait d'ailleurs conduit à la même conclusion, en particulier lors de la conférence internationale des
ministres de l'Education à Téhéran en 1965. C'est même, cette
conférence qui réclame la mise sur pied d'un nouveau type
d'alphabétisation "lié à un programme de formation profession-
nelle et permettant l'accroissement rapide de la productivité
des individus." (p.9).

africain sait aussi, mais sa culture est inutile et rejetée (1).
Commencer à apprendre, c'est-à-dire commencer à être formé, c'est
d'abord se débarrasser du premier savoir hérité de la communauté
traditionnelle (2).

La fonction de récurent de l'école est renforcée par l'appropriation progressive et inconsciente de la ritualisation scolaire
par les élèves, qui implique l'amnésie de la ritualisation propre
à la communauté dont est issu le locuteur.

---

1. L'idée qu'il n'y a plus de savoir hors de l'école est de plus en
   plus fermement intégrée en Afrique. Pour preuve, cet exemple amu-
   sant et brutal à la fois, à propos d'une question posée par un
   lecteur de la revue Awoura, le magazine de la femme ivoirienne
   (n° 62, Décembre 1977).
   Question : "Si j'avais su".
             Je vous serais reconnaissant de répondre à cette
             question.
             On dit que la pratique est à la base de la théorie,
             pourquoi ?
             Pourquoi dit-on en Français que "si j'avais su" est
             le dernier mot ?
                              AGAGLO Peter, Ghana
   Réponse : Vous faites erreur en intervertissant les termes. C'est
             plutôt la théorie qui est à la base de la pratique. Tout
             ce que vous apprenez à l'école vous permet d'affronter
             la vie avec beaucoup plus d'aisance : que ce soit dans
             la manière de réfléchir, pour vous exprimer ou dans une
             action quelconque ; ce qui veut dire a contrario que ceux
             qui n'ont pas été à l'école éprouvent plus de difficultés
             dans la vie parce qu'ils font appel à leur seule expé-
             rience vécue. Il ne leur reste qu'une chose à dire :
             "Si j'avais su".
2. Et cela concerne l'ensemble des écoliers quelle que soit leur origine sociale. La situation sociale des élèves n'est pas pris en
   compte comme en occident, d'ailleurs les enseignants ne sont généralement pas animés du souci de l'origine sociale des élèves. Les
   écoliers "remarqués" sont les fils de l'élite précisément pour une
   différence dans leurs aptitudes. Ils sont jugés plus doués. De
   fait, l'exception, ou ce qu'en occident on appelle le cas social
   (cf. à ce propos BOURDIEU et PASSERON, 1964, Les héritiers, p.103)
   concerne les plus favorisés et non les plus défavorisés comme en
   occident. Au Tchad, il n'y a pas de cas sociaux au sens occidental,
   il n'y a qu'exceptionnellement des élèves exceptionnellement doués
   que l'on explique par l'origine sociale. Quant aux autres, leur
   faible performance est occultée, elle est même jugée normale et de
   fait il ne peut en être autrement.

4.25. Il s'agit là d'un macro-processus qui n'envisage pas l'interrelation qu'il peut y avoir entre deux types de ritualisation de la vie quotidienne pouvant donner naissance à des ritualisations spécifiques élaborées sur la base de la confrontation entre deux cultures étrangères pour ne pas dire antinomiques.

Il est en effet certain que doit s'instaurer une certaine complémentarité entre ces deux cultures, au moins le temps de leur forte séparation, où deux systèmes clos sont en place avec un minimum d'interférences. Dès l'instant où l'écart se réduit notamment par l'augmentation du taux de scolarisation (1), les frontières entre les deux cultures deviennent plus floues, l'imbrication donnant lieu à des ritualisations spécifiques. Mais dans tous les cas, qu'il s'agisse de formations spécifiques nées d'un mélange de culture occidentale et africaine, ou de l'adoption intégrale du système occidental, les anciennes sociétés sont minées et vascillent.

4.26. Les conséquences de l'innovation de l'école dans les communautés traditionnelles africaines sont fondamentales car un homme nouveau y nait. La métamorphose de l'homme passé par l'école apparaît à travers la déculturation par rapport à la société traditionnelle et l'adoption de codes, culinaires (et de table en général), vestimentaires, linguistiques, civiques, inconnus jusqu'alors et qui sont valorisés par les utilisateurs.

Par déculturation nous entendons deux types de processus souvent liés :

- Cas I : l'oubli, l'amnésie de certains rituels profanes ou sacrés, de certaines techniques, de certaines connaissances.

- Cas II : un transfert de fonction quand l'amnésie n'a pas

---

1. La scolarisation, naturellement, n'est pas le seul facteur en jeu dans ce processus.

encore joué, par exemple, si des techniques traditionnelles coexis-
tent avec des techniques modernes les fonctions des premières pourront être réinterprétées ou encore dévalorisées.

4.27. L'évaluation de ces mutations peut être proposée. Il ne
s'agit pas d'un relevé exhaustif en référence à des situations pré-
cises mais un catalogue de faits, données fragmentaires, qu'on a pu
relever. Approfondir la question consisterait à établir une taxinomie
des rituels sociaux nouveaux et à les confronter aux anciens considérés comme substats dans tous les cas où la continuité est attestée.
Ces mutations ne concernent que la frange des scolarisés et même assez scolarisés, soit peu de gens au Tchad.

4.28. Déculturation.

Cas I :

C'est parmi les très scolarisés que l'amnésie par rapport au
milieu traditionnel joue le plus fortement. Elle se manifeste :
- par une défamiliarisation avec le milieu écologique.
Les élèves éprouvent de grandes difficultés à nommer dans leur langue
(a fortiori en français) la faune et la flore, non dans leur géné-
ralité mais dans la complexité des taxinomies. Cette rupture avec
l'environnement se retrouve dans leur méconnaissance de la pharma-
copée naturelle supplantée par une médication standard basée sur le
couple aspirine-quinine.

- par une ignorance des systèmes parentaux et claniques.

Chez les musulmans, les élèves qui ont oublié leur généalogie
ne cherchent pas à s'en reconstituer ou à s'en approprier une, fait

symptomatique de la rupture avec le milieu traditionnel.

Pour ces deux exemples cités, il s'agit d'une perte de fonction du système de parenté et de la représentation de l'éco-système traditionnel. L'amnésie de ces fonctions marque la rupture avec le milieu. Ce mouvement allant de l'amnésie des fonctions à la rupture avec le milieu puis à l'oubli du milieu lui-même (niveau extrême qui n'est en fait que l'oubli de certains traits du milieu traditionnel) n'est pas unilatéral.

4.29. Il existe aussi un mouvement inverse où le milieu traditionnel se maintient mais certaines de ses fonctions sont subverties ou transformées par d'autres. C'est le cas II. Un exemple explicite, qui n'est pas lié à l'école, mais à l'influence arabo-musulmane, nous est donné par les fonctions des termes concernant l'habitat en pays kanembou que nous connaissons plus particulièrement (1). La dénomination de l'habitat chez les Kanembou peut être représenté par l'arbre suivant :

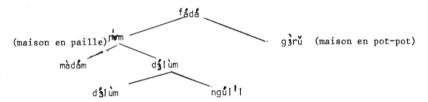

<hr/>

1. Les Kanembou en question vivent sur les rives septentrionales du lac Tchad.

Cet arbre opère un premier partage après le terme générique fádá.
Cette première division oppose deux ramifications : l'une dérivé
de ɲǎm , l'autre restreinte à son origine gɔ̀rŭ . Ce premier
découpage est fondamental pour saisir l'évolution de l'habitat en
même temps que le changement des désirs en ce domaine. La dériva-
tion à partir de ɲǎm correspond à un ancien état de l'habitat
et de ses distributions à travers ses fonctions, tandis que gɔ̀rŭ
correspond à un habitat étranger qui marque l'influence arabe ou
islamique et qui est de plus en plus adopté au détriment de l'ancienne architecture.

Ce mouvement semble irréversible. Il est déjà marqué par certaines connotations attachées au mot ɲǎm qui devient indice de
pauvreté ou chez les scolarisés de vulgarité. L'existence de la
case appelée ɲǎm et la familiarité qu'en ont les gens n'implique
pas le maintien de sa fonction. ɲǎm désigne la maison en paille.
Si elle abrite exclusivement des hommes on l'appelle màdám ; si
elle peut abriter soit des hommes soit des animaux (essentiellement
le cheval) on la désigne par dɔ̌lŭm (1). Ces distinctions existent
encore aujourd'hui ; mais il semblerait qu'avec l'apparition d'une
autre architecture, ɕ ɔ̀rŭ , il y ait, au niveau de l'ancienne structuration, une assimilation symbolique entre màdám et dɔ́ lŭm, qui de
fait sont des ɲǎm . La distinction entre deux ɲǎm , si elle existe
tend à perdre sa fonction de séparation entre ⌈+ humain⌉ et ⌈-hu-
main⌉ et reçoit en retour une fonction encore floue mais qui, si

_____

1. màdám exclusivement les hommes.
   dɔ̌lùm soit les hommes soit le cheval. Si c'est l'homme, le
   terme dɔ̀lùm est conservé ; si c'est le cheval le terme ngú'i
   est employé.

elle ne marque pas l'habitat du monde animal, manifeste un habitat
de catégories sociales qui n'évoluent pas, considérées comme
arriérées.

Dans la représentation des tenants de l'habitat style gèrŭ ,
les gens de nˡʋm ne sont certes pas perçus comme des animaux
mais il semblerait qu'il y ait tout de même une liaison ; elle
apparaît positivement dans l'idée de participation à l'évolution,
qui passe par une rupture avec le monde animal.

Ce transfert de fonction ne concerne pas seulement les scolarisés
qui, néanmoins, représentent la frange la plus radicale dans sa
fonction sociale.

4. 30. Nous pensons que l'école est elle aussi capable d'imposer
ce type de transfert de fonctions. La parcellarisation du savoir
traditionnel relevé chez les scolarisés, ayant maintenant une
fonction mythique -les ancêtres- et non plus une certaine vitalité,
l'atteste.

La substitution de fonction de certains rites apparaît dans
l'adoption de nouveaux codes qui métamorphosent l'homme qui les
intègre en regard des pratiques traditionnelles.

Nous nous contentons de recenser ces nouveaux rites et les
codes sociaux qui se mettent en place avec l'usage sans entrer dans
les détails. L'archéologie de ces mutations présentes nécessiterait
à elle seule une grande étude.

4. 31. La ritualisation de la vie des enfants à l'école impose
les codes suivants :

        - un code linguistique : l'apprentissage d'une langue
jugée prestigieuse. Sur cette question, il suffit de se rapporter

aux fonctions de langues établies précédemment.

- un code d'attitudes et de gestes : il serait facile de
démontrer que l'attitude de l'élève assis, les mains sur la table,
attentif pendant plusieurs heures à un adulte (enseignant) qui
seul peut lui permettre de se déplacer en dehors du temps imparti,
n'entre pas dans le paradigme des comportements des hommes des
différentes communautés traditionnelles. Même envers dieu, les
musulmans ne sont pas aussi attentifs.

Ainsi de nouvelles règles pour s'asseoir s'imposent (difficilement
d'ailleurs) au détriment des anciennes. On peut penser qu'on
trouvera de moins en moins de gens assis à même le sol ou, plus
caractéristique encore, de gens reposant accroupis, en équilibre
sur leurs talons.

D'autres gestes tendent à disparaître. C'est seulement parmi
les scolarisés que le mouchoir est utilisé. Bien que cette pratique
ne soit pas commune à tous les scolarisés et systématique, elle tend
à supplanter l'utilisation des doigts pour se moucher. Qui plus est,
si se moucher avec les doigts peut s'effectuer sans se cacher,
avec un mouchoir, l'utilisateur se détournera légèrement du public
comme l'usage le veut.

Le même phénomène se retrouve dans le crachat. Il n'est pas
rare de voir un élève sortir plusieurs fois de la classe pour
cracher. Cette pratique est vouée à disparaître ou bien le mouchoir
sera utilisé.

4. 32.

- code vestimentaire.

L'habit ample de façon générale fait place chez les scolarisés
aux chemises et pantalons cintrés.
Les Kanembou scolarisés des C.E.S. et lycées font la distinction entre
trois types de pantalons par exemple :

yăng'ɛ	"pantalon traditionnel"
fɔ̀ntɔ́lɔ́	"pantalon européen" emprunt au français attesté chez l'ensemble de la population. Il s'agit du pantalon occidental assez simple par rapport aux pantalons que porte la jeunesse actuellement.
p'at dèlɛ́	"pantalon à "patte d'éléphant" "

ex : pátdèlɛ́/cɨkkɔ́ tǎ il a mis / il a

Le mot pát dèlɛ́ n'est pas une création lexicale kanembou mais
un emprunt au français. Le pantalon à patte d'éléphant désigne un
pantalon généralement cintré jusqu'au mollet et évasé progressivement
à partir de cette limite.

Ces mêmes personnes font aussi la distinction entre chaussures
"traditionnelles" sɔ́nɔ́ et la paire de souliers fermés sùl'yè .
Cette opposition n'est pas attestée chez les vieux et les gens qui
vivent en brousse.

L'utilisation des chaussettes entre dans ce rituel vestimentaire
que les jeunes scolarisés appellent yèyè . Ce mot n'a pas les
mêmes connotations qu'en France et signifie avant tout s'habiller
comme la jeunesse européenne.[1]

---

1. L'habit traditionnel, comme le boubou, après avoir été dévalorisé
   dans certains pays d'Afrique (pas au Tchad où il est encore
   très utilisé) revient à la mode et marque l'authenticité. Mais
   l'habit ne fait pas l'authenticité qui demeure souvent symbolique.

La montre et la paire de lunettes font partie des attributs
du nouveau code vestimentaire.

La fonction essentielle de la montre - marquer l'heure officielle -
est souvent secondaire en Afrique où il importe plus d'avoir une
montre que l'heure exacte.

La paire de lunettes a les mêmes fonctions symboliques que la montre ;
son utilité importe peu.

Elle a une fonction esthétique qui concerne les lunettes de soleil
en général.

Quant aux paires de lunettes à verre blanc qui n'ont pas la
fonction de suppléer à une déficience de la vue (les verres ne
modifient pas la vue), elles manifestent chez celui qui les utilise
une volonté d'identification à une image stéréotype de l'intellectuel,
ou plus simplement au scolarisé.

4. 33.

- code de table.

Là encore, l'école fournit un modèle qui s'il ne s'impose pas du tout
au Tchad, pourrait plus tard supplanter les anciennes manières
de table.

La fourchette et la cuillère apparaissent et les doigts ne sont plus
utilisés. La médiation des ustensiles entre l'homme et la nourriture
l'autorise à employer ses mains alors qu'il ne se servait que de la
droite l'autre ayant pour fonction de s'essuyer après s'être livré
à ses besoins naturels.

Ces pratiques occidentales ne sont pas encore devenues des normes
sociales. Elles sont intégrées par les plus scolarisés et tendent à
s'immiscer subrepticement dans les coutumes traditionnelles. Elles
modifient toutes les formes de savoir vivre qui vont du choix des
mets jusqu'au rituel de la vie communautaire. Dans les hautes sphères
de la société par exemple (très scolarisés) le partage des hommes
et des femmes lors du repas est devenue une pratique rétrograde.

De multiples exemples confirmeraient cette évolution.
L'intérêt ethnographique de ces mutations sociales dont l'école est
l'un des centres de leur mouvement centrifuge (mouvement excentrique
de l'école vers l'extérieur) est suffisamment explicite pour que nous
nous y attardions pas. Une étude spécifique s'impose.

4. 34.

- Le rapport de l'homme au corps.

En milieu africain la pudeur de type occidental n'existait pas.
Encore aujourd'hui, certaines communautés vivent nues ou semi-
dénudées. En ville, les gens font leurs besoins naturels sans être
gênés par les passants. Ce sont là des pratiques fort courantes.
Mais parallèlement, apparaît une autre manifestation par rapport
à la nudité du corps.

Les gens ont désormais tendance à se cacher. Un sentiment
de honte et de pudeur est en voie d'établissement dans les structures de pensée africaines.

Ce ne sont pas des détails sans importance mais des indices
symptomatiques de la restructuration des tendances pulsionnelles
des individus. L'école, par la divulgation d'un code des bonnes
manières, ne mine pas simplement les rituels des hommes mais aussi
les hommes eux-mêmes dans leurs composantes instinctives.[1]

Cette régulation des élans pulsionnels se manifeste dans le

---

1. L'école n'est évidemment jamais le seul facteur de ces mutations.
Dans les faits présents, l'exemple des blancs qu'on ne voit jamais
nus, les préceptes de la Bible "ils étaient nus et ils en eurent
honte" sont autant de facteurs qui conditionnent le rapport
de l'homme à son corps.

dépouillement que le scolarisé subit. En effet, contrairement aux
non-scolarisés de son âge, il ne se promène plus en possession
d'armes (poignard en particulier pour les musulmans).
Un occidental qui se promène pour la première fois au Tchad est
toujours frappé et inquiet de voir les gens sur les routes en
brousse avec un arsenal d'armes : poignard, sabre, sagaie, arc,
contenu de jet. Elles étaient fort utiles autrefois pour chasser
et se protéger contre les pilleurs. Elles le sont encore aujourd'
hui mais pourraient vite devenir symboliques si la pacification
des instincts continue à s'imposer.

L'école joue un rôle fondamental de conditionnement des
enfants à qui l'on interdit le libre cours des élans pulsionnels.
A l'agression physique fait place une certaine civilité fait du
respect d'autrui. Cette proposition n'implique aucun jugement
de valeur dans un sens ou dans l'autre. Elle n'est que la
formulation d'un certain nombre de faits qui ont en commun
la limitation de l'agression. Une querelle dans le cadre de la
classe n'entraînera qu'exceptionnellement une empoignade et la
dispute sera vécue sur le mode verbal. Dans le contexte de la cour
ou à l'extérieur de l'école, les instincts belliqueux échapperont
à la contrainte [1].

Si une disparition de l'agressivité n'est pas soutenable,
sa modification dans le sens d'une érosion l'est par contre [2].
Ces changements sont fortement perceptibles lorsque l'on compare
le système d'éducation selon des normes initiatiques et celui

---

1. Il s'agit d'un phénomène général. Ce qui est/était particulier
   à l'Afrique c'est, lors d'un conflit, la confrontation entre
   des corps qui s'agressent et qui se défendent, l'état chronique
   des guerres interethniques l'attestait. Au corps à corps
   tend à se substituer le "verbe à verbe". Il s'agit "du verbe
   à verbe" occidental qui n'a pas les mêmes fonctions que les
   joutes oratoires qui existent dans certaines communautés.
2. Il convient de noter qu'un des mécanismes de maîtrise de
   l'agression consiste à la canaliser et donc à autoriser sa manifestation en des cas particuliers. On sait que le patronat
   japonais par exemple avait ressenti il y a quelques années la
   nécessité de laisser s'exprimer l'agressivité des ouvriers
   d'usine. Il avait créé à cet effet des baudruches représentant
   les chefs de l'entreprise sur lesquels chaque ouvrier pouvait
   à loisir se défouler.

de type occidental.

Dans les écoles occidentales toute tentative d'agression physique est considérée comme sévice et sévèrement réprimée.La bastonnade est au contraire pratiquée dans les systèmes d'éducation par initiation au moins chez les Sara du Tchad. En effet, parmi les nombreuses opérations réalisées durant l'initiation au sein de cette ethnie l'une d'entre elles consiste pour les néophytes à recevoir un certain nombre de coups de chicote (bâton). JAULIN[1] en parle à plusieurs reprises et note leurs fonctions :

> (i1) "donna à son fils, qui avait volé un cabri, de tels coups de chicote que celui-ci eut le dos en sang./...7 Ces délits, je crois bien,ne venaient pas d'être révélés par quelque rite propre à l'initiation, mais étaient connus et laissés impunis jusqu'au moment où le groupe, en une telle occasion, se purifiait de ses fautes" (p.147).

Et plus loin encore (p.152) :

> "Ces coups devaient nous doter de la force même de la chicote /...7 La rigueur éducative des coups de chicote -atténuée sur mon dos - fut d'une sévérité extrême sur le dos des autres garçons". (2)

Toute atteinte du corps en occident est considérée comme violence physique inacceptable. C'est ainsi que certaines pratiques africaines sont encore aujourd'hui considérées comme barbares. Chez les Sara par exemple les initiés subissent une opération qui marquera le visage pour toute leur vie :

---

1. JAULIN,R., 1971, La mort sara, Union générale d'éditions coll.10/18.
2. DELEUZE G. et F. GUATTARI F., 1972, L'Anti Oedipe, Paris, éd. Minuit, notent ce décalage qui existe entre l'occident et les sociétés primitives à propos du corps :
"Nos sociétés modernes au contraire ont procédé à une vaste privatisation des organes qui correspond au décodage des flux devenus abstraits". (p.167)
"/...7 La machine territoriale primitive code les flux, investit les organes, marque les corps. A quel point circuler, échanger est une activité secondaire par rapport à cette tâche qui résume toutes les autres : marquer les corps, qui sont de la terre. L'essence du socius enregistreur, inscripteur, en tant qu'il s'attribue les forces productives et distribue les agents de production, réside en ceci - tatouer, exciser, inciser, découper, scarifier, mutiler, cerner, initier". (p.169)

"/...7 les incisions faciales qui deviendront après
cicatrisation les balafres caractéristiques du
groupe sara". (1)

JAULIN dans La Mort sara nous parle de cette opération.

"Nous étions tous sortis de l'enclos et Ngakoh taillada
les joues de mes compagnons l'un après l'autre avec la
lame de rasoir que j'avais fournie : soit habileté de
l'opérateur, soit courage des initiés, aucun de ceux-ci ne
pleura ni ne cria ; mieux ils gardèrent tous, le temps que
dura l'opération une expression que je jugeai détendue
malgré le sang qui leur couvrait le visage et dégoulinait
lentement de leurs faces le long de leurs corps."(1)

Et l'auteur note avec pertinence :

"Les Européens ont souvent coutume de ne voir que cruauté
là où seule entend s'exprimer la conformité à la tradition".(1)

4. 35. Un ensemble de rituels diamétralement opposés aux anciens
apparaît donc dans les communautés africaines. Ils caractérisent l'homme
nouveau et sont les traits distinctifs d'une nouvelle caste
sociale qui bouscule un ordre séculaire.

L'école est l'un des centres de distribution d'un modèle de
vie qui repose essentiellement, dans ce cadre là, sur un ensemble
de règles. La répétition de ces préceptes impose une nouvelle
normalité qui tend à supplanter tous les actes de la vie quotidienne
d'autrefois. L'école opère comme conditionnement et contrôle
sociaux. Dans un premier temps elle est élitiste. Seules quelques
élites connaissent l'institution nouvelle. Au Tchad, aujourd'hui
encore, l'école ne touche qu'une partie des gens scolarisables.
Mais l'élitisme n'est pas le projet profond de l'école qui vise
l'adoption de son système par l'ensemble de la population. La revendi-
cation de l'institution tient dans sa volonté de démocratisation
(l'enseignement pour tous) qui n'est qu'une volonté d'uniformisation
des individus ainsi réorganisé et restructuré. Cela ne signifie pas
l'évacuation totale des inégalités qui demeurent. Mais elles nous

---

1. JAULIN, ibid., p.167-168.

semblent être des scories face à la mission qui lui est impartie,
l'école uniformisante pour tous, ou un autre problème qui, certes,
mériterait d'être étudié. (Comme par exemple l'inégalité scolaire
des élèves liée à leur origine clanique, problème qui existe réellement).[1]

Cette tendance assimilationniste est-elle irréversible ? Il est
difficile d'y répondre. On peut seulement émettre l'hypothèse d'une
relative assimilation qui n'évacuerait pas totalement le substrat
africain mais le transformerait d'une façon si spécifique qu'elle ne
rendrait pas compte du modèle des communautés de hase.

Quant au modèle occidental, l'impossibilité de gommer totalement
les traits africains est un obstacle à sa reproduction sans altérations.
Et il n'est pas douteux de penser que l'assimilation ne rendrait pas
compte qu'imparfaitement du système dont la conction est de modeler.

Un système nouveau de ritualisation de la vie sociale apparaît
issu de la confrontation et de l'assimilation de deux cultures. Si
l'école occidentale participe à la transformation des sociétés
africaines, il n'est pas nécessaire qu'elle réalise ce qui en était
espérer. L'école ne contrôle pas l'ensemble du processus d'assimilation
et de nombreux échappements donnent lieu à des créations inattendues.

---

1. L'une des fonctions de l'école dans un premier temps n'est pas de
   démanteler un système d'éducation traditionnel par l'imposition
   d'un modèle d'éducation à long terme mais d'unifier l'ensemble
   des élèves dans une espèce d'inaptitude collective à posséder le
   nouveau savoir.
   Il ne suffit pas que les élèves éprouvent l'ignorance du système
   scolaire (je ne connais pas l'école ni ce qu'on y fait) ou qu'ils
   en aient une vision onirique, il faut qu'ils en fassent l'expérience,
   qu'ils y soient impliqués (Je "sais" ce qu'est l'école mais je sais
   aussi que je ne sais rien du savoir de l'école) sa double ignorance le
   conduisant à accepter l'école du savoir.
   Une fois immergé dans l'école, tout ce que l'élève sait, c'est qu'il
   ne sait rien; d'où deux attitudes possibles : soit il retourne à
   des valeurs tangibles et traditionnelles, il quitte l'école ; soit il
   s'obstine avec d'autant plus de persévérance qu'il y a des modèles de
   réussite -rares dans la classe- plus apparents à l'extérieur.
   Ainsi l'école unifie les élèves pour mieux les séparer ensuite de
   leur communauté en les modelant selon ses critères.

Ce qui se passe au niveau du français, apprentissage du français standard ayant pour résultat un français spécifique d'Afrique, se passe au niveau des rituels sociaux. [1]

L'école est ainsi un élément d'occidentalisation des communautés africaines qui en retour africanise l'école.

4. 36.   CONCLUSION.

L'école est donc une innovation sociale imposée de et par l'étranger.
Il était donc naturel qu'elle apparût étrange au moins dans un premier temps. La suspicion des populations à l'égard de l'école correspond à une étape première du développement de l'institution qui n'avait pas encore pénétré les communautés traditionnelles.

Elle fut vite perçue comme un élément de pouvoir puisque les élites dirigeantes (ceux qui furent appelés et qui le sont encore quelquefois les nouveaux blancs) avaient été formées à l'école des blancs. Remarquons qu'ils réussissaient d'autant mieux qu'ils étaient formés par les écoles des missions religieuses catholiques ou protestantes. [2]

Avec l'apparition d'un phénomène de séduction de l'école vécue comme élément de pouvoir, l'institution entrait dans une phase décisive où elle va désormais se substituer de plus en plus au système traditionnel.

---

1. Un phénomène analogue concerne les églises chrétiennes -catholiques et protestantes- qui voient naître de nombreuses sectes qu'elles ne contrôlent pas. Cf. G. Bernard, L'effervescence des sectes sur le continent noir, Informations catholiques Internationales, n°1322, 15 oct. 1968,p.22.
2. Nous n'avons pas parlé des écoles privées faute d'informations sérieuses. Signalons simplement que les Missions catholiques sont arrivées tardivement au Tchad,en 1929 à Kou, en 1934 à Moundou, en 1939 à Sarh, à N'djaména en 1946, Mongo 1950 et Abéché 1953. L'implantation des Missions protestantes est plus ancienne que celle des Missions catholiques, Léré 1920, Sarh et Doba 1925, N'Djaména 1926, Koumra, Moïssala 1935 et Mongo 1947. (cf. Essor du Tchad, p.326-327).

Aujourd'hui, au Tchad, l'école est à mi-chemin entre ces deux
pôles.

Si, en Occident, il est bien établi qu'il n'y a pas d'issues
en dehors de l'école au moins dans une première période de l'homme,
en Afrique et plus particulièrement au Tchad la préparation à la
vie ne passe pas encore par l'école. Si bien qu'elle n'a pas le
statut souverain qu'elle a en Occident[1]. Mais en même temps l'école
et le pouvoir qu'elle peut procurer fait apparaître une réorganisation
des stratégies collectives qui se présentent de manière non univoques
et dont il conviendrait d'en faire l'inventaire.

L'école est donc bien la médiation entre le monde occidental
et les communautés traditionnelles. Cet aspect macro-sociologique
recouvre une micro réalité, la division instaurée entre le monde
des élèves-enfants et celui des adultes. Ces deux aspects sont
perceptibles dans les différences relevées entre deux types de ritualisation des actes de la vie quotidienne tels que nous les avons
dégagés.

Cette confrontation est en fait un rapport de pouvoir. Des
formes de pouvoir que l'on rencontre dans chaque ethnie qui sont
parfois fort différentes, nous assistons à une forme de pouvoir
qui phagocyte les anciennes en les niant d'une part et en proposant

---

1. En Occident l'école est aussi battue en brèche mais pour des
   raisons différentes au moins diachroniquement. En Afrique nous
   avons le passage d'une vie où des institutions étrangères
   (école, douanes, police, etc...) sont substituées à d'autres plus
   anciennes tandis qu'en occident, les institutions étrangères en
   Afrique et familières dans ce cadre là, sont néanmoins ressenties
   comme étrangères, mais de façon différente qu'en Afrique. Les
   derniers événements dans le monde des étudiants italiens qui se
   proclament les nouveaux indiens l'attestent.

une forme de pouvoir plus générale concernant l'ensemble des
ethnies rassemblées dans ce que l'on appelle la nation. Le découpage
en nation est déjà un premier pas franchi dans la genèse d'un
pouvoir uniformisant la multiplicité des pouvoirs. Déjà les
diverses communautés ne se définissent plus simplement par elles-
mêmes ou par leur environnement social, ethnique et géographique
immédiat mais par une entité abstraite, étrangère, que seule l'école
peut faire connaître. L'idée de nation ou d'Etat est apprise à
l'école.

L'école produit le savoir du pouvoir pour que les élèves,
suffisamment formés, adaptés ou ayant adoptés ces normes puissent
exercer le pouvoir de leur savoir.

o

o   o

COMPORTEMENTS LINGUISTIQUES DES ÉTUDIANTS TCHADIENS DANS UN RESTAURANT UNIVERSITAIRE

par Serge GORACCI et Francis JOUANNET

Nous entendons par "comportement linguistique" le choix que fait le locuteur tchadien dans l'ensemble des langues qu'il possède, choix conditionné par le contexte d'usage.

La procédure d'enquête employée est purement empirique. Elle s'est effectuée en 1977 sans enregistrement et sans questionnaire pré-établi. Le travail a été facilité par notre familiarité avec le milieu africain, par nos discussions libres avec les intéressés. Notre attention s'est portée tout particulièrement sur les pratiques linguistiques des tchadiens en situation interethnique et intraethnique dans le cadre d'un restaurant universitaire français[1], situation non formelle dans laquelle la vigilance métalinguistique s'exerce peu.

P our chacun des sept locuteurs tchadiens nous dressons un inventaire de leur répertoire verbal. Nous situons géographiquement l'ensemble des langues utilisées et nous énonçons les familles linguistiques auxquelles elles appartiennent. Puis nous procédons à une catégorisation des locuteurs sur la base de leur langue maternelle; cela nous permet de distinguer les relations inter et intraethniques et d'évaluer l'intérêt de cette séparation dans le relevé des situations qui déterminent un changement de code.

---

1. D'après les statistiques du Ministère de l'Education Nationale du Tchad et du service de la planification et de la carte scolaire il y avait en 1974-75 trois cent trente cinq étudiants et stagiaires en France.

Inventaire du répertoire verbal de chaque locuteur tchadien.

Chaque matrice qui regroupe plusieurs langues représente un locuteur. La langue maternelle est soulignée.

I	II	III
sara	sara	sara
arabe	arabe	arabe
français	français	français
ndo	ndo	ndo
sango	sango	

IV	V
mundang	peul
peul	arabe
arabe	français
français	

VI	VII
têda	..... (1)
arabe	arabe
français	français

L'arabe et le français sont des langues possédées par tous les informateurs inter-rogés. Toutefois les performances qui concernent chacune de ces langues sont diffé-rentes selon les individus : l'utilisation du français est homogène pour tous mais dans la pratique de l'arabe, il apparaît une disparité plus grande de niveau de per-formance.

Situation géographique et classement linguistique des langues considérées.

Le sara

Les langues sara sont parlées dans le sud du Tchad (Logone Occidental et Oriental, Moyen-Chari) et sont classées selon Greenberg [2] dans la macro-famille nilo-saharienne

1. Il s'agit d'un locuteur mimi qui ne parle pas sa langue maternelle le mimi.
2. Greenberg, J., 1966, Languages of Africa, 2nd revised, ed. The Hague, Mouton.

où elles se situent comme le premier sous-groupe du groupe soudanais central de la cinquième micro-famille chari-nil, soit :

     5. chari-nil
      B. Soudanais central
        1. Bongo-baguirmi (regroupant les langues sara).

La langue ndo.

Il s'agit de la langue secrète d'initiation des Sara. Le ndo ne signifie pas exclusivement langue mais désigne l'ensemble des activités apprises lors de la cérémonie initiatique. Ce terme peut se traduire par apprentissage.

Le sango.

Cette langue est parlée dans l'extrême sud du pays, région frontalière avec l'Empire Centre Africain. Le sango est une langue véhiculaire dans l'Empire et non au Tchad.

Le peul ou foulfouldé.

Parlée au sud-ouest du Mayo-Kabbi c'est une langue de communication entre Foulbé et Mundang. Cette langue est classée par Greenberg dans le groupe atlantique de l'ouest de la sous-famille niger-congo de la famille congo-kordofanienne.

Le mundang.

Parlée dans la région du Mayo-Kebbi, cette langue appartient toujours selon Greenberg au groupe Adamawa de la sous-famille niger-congo.

Le téda.

Le téda est parlé essentiellement dans le nord du pays : B.E.T. (Borkou, Ennedi, Tibesti) ainsi que dans le Kanem (nord-ouest du pays). Cette langue appartient à la famille saharienne de la macro-famille nilo-saharienne.

Le mimi.

Cette langue est parlée dans le Ouaddaï par les populations mimi. Mais il se trouve que dans cette région l'arabe est en situation de domination linguistique pour des raisons religieuses, commerciales et d'alliances matrimoniales. Il n'est donc pas étonnant que ce locuteur mimi ait pour vernaculaire la langue arabe qu'il parle bien selon le jugement porté par ses compatriotes.

L'arabe.

Il faut faire la distinction entre arabe vernaculaire et arabe véhiculaire. L'arabe de ces étudiants tchadiens est véhiculaire.

. l'arabe vernaculaire est parlé :
- au nord-est du Biltine (Est du Tchad).
- Batha (centre du Tchad).
- Chari-Baguirmi (ouest du Tchad).
- Ouest et nord-ouest du Salamat (sud-est du pays).

. l'arabe véhiculaire est parlé :
- le Salamat.
- le Ouaddaï.
- le Biltine.
- la région du Batha.
- à l'ouest.

L'arabe appartient à la famille afro-asiatique de Greenberg.

Catégorisation des locuteurs.

L'ensemble des locuteurs a été regroupé en cinq catégories. L'arabe et le fran-çais étant commun à tous les locuteurs, ces langues ne sont pas pertinentes pour notre catégorisation qui se fonde sur la langue maternelle. Il existe cependant une exception, la catégorie B dans laquelle le locuteur Peul et le locuteur Mundang sont regroupés car ils utilisent le peul comme langue de communication et qu'ils la res-sentent en France comme langue vernaculaire. Nous expliquerons cette différenciation entre fonction réelle, véhiculaire, et fonction symbolique, vernaculaire.

Cat. A. Sara.

I	II	III
sara	sara	sara
arabe	arabe	arabe
français	français	français
ndo	ndo	ndo
sango	sango	

Cat. B. Peul-Mundang.

IV	V
mundang	peul
peul	arabe
arabe	
français	français

Cat. C. Téda.

    VI

    <u>téda</u>
    arabe
    français

Cat. D. Mimi.

    .....
    arabe
    français

Choix des langues en situation interethnique.

Les choix possibles en situation interethnique (A+B, A+C, A+D, B+C, B+D, C+D) sont entre l'arabe et le français.
Dans cette situation l'emploi de l'arabe est lié à celui du français. En effet, dans une conversation libre entre Tchadiens il est fréquent de les voir passer, sans transition de l'arabe au français. Dans ce cas là, il est difficile de savoir si le choix des langues est aléatoire ou significatif. Ces "variations libres" suggèrent a priori des choix aléatoires. Mais rien ne permet d'en conclure qu'il n'existe pas de lois de changement de codes dans le métissage linguistique.

De façon générale si l'ensemble du public comprend l'arabe, seul l'arabe sera utilisé. Si des tiers sont concernés par la conversation, des français par exemple ou tout simplement parce qu'ils sont là, la politesse leur fera employer le français. Dans ce dernier cas, il peut arriver qu'un locuteur tchadien pour mieux faire saisir sa pensée, par souci pédagogique, emploie un court instant l'arabe. L'emploi du véhiculaire dans ce cas est une marque d'éducation et de politesse envers les locuteurs possédant l'arabe.

La langue française est employée le plus souvent pour l'efficacité de la communication ; elle devient ainsi langue d'échange.
S'il existe une forte diglossie entre les langues africaines et le français au Tchad, en revanche, en France, cette diglossie s'équilibre en conférant au français un statut véhiculaire entre locuteurs tchadiens et locuteurs de nations différentes.

Cependant il existe un cas particulier en ce qui concerne les locuteurs de la catégorie B. En effet ces locuteurs possèdent trois langues véhiculaires à leur disposition : le peul, l'arabe, le français. Si les locuteurs de la catégorie B conversent ensemble (c'est-à-dire en dehors de la présence de Tchadiens d'ethnie différente)

ils utiliseront le peul ou le français mais en aucun cas l'arabe. Il semble donc,
que le peul, pour ces locuteurs :
- se soit substitué à l'arabe tout en gardant les mêmes fonctions,
- apparaisse comme langue d'identité culturelle régionale.

Comment interpréter cette substitution? Elle peut s'interpréter comme une continuité
des pratiques régionales en vigueur dans le Mayo-Kebbi. Cette composante est certainement importante. Mais en France, il semblerait que cette langue véhiculaire ait
un contenu symbolique différent. Elle paraît fonctionner comme une langue de groupe,
comme une langue vernaculaire. Nous voulons dire qu'il existe une différence certaine entre la fonction réelle du peul dans cette situation et la représentation qu'en
ont les locuteurs ; le peul est véhiculaire et semble perçu comme vernaculaire.

Il y a donc intimement chez ces locuteurs une réinterprétation des fonctions entre
plus particulièrement le peul et l'arabe. Pour eux l'arabe est senti comme langue
véhiculaire et le peul comme langue vernaculaire. Ainsi recréent-ils une hiérarchie
des langues telle qu'on la retrouve dans les autres groupes :

      langues véhiculaires : français ; arabe
      langue vernaculaire : langue maternelle.

Ce sont d'ailleurs ces raisons qui ont déterminé le regroupement des Peul et des
Mundang dans la même catégorie.

     A partir de ces résultats nous nous sommes demandé comment le locuteur de la
catégorie D qui ne possède plus de langue maternelle, percevait la hiérarchie des
langues.

Pour ce locuteur le problème est sensiblement différent car la langue maternelle n'a
jamais été véritablement parlée. La perception de l'arabe et l'idée qu'il se fait
d'une langue maternelle est totalement différente des autres locuteurs. Pour lui langue maternelle et langue véhiculaire sont indissociables.

     Il convient de signaler enfin, que dans le cadre des relations interethniques,
le séjour d'étudiants tchadiens en France n'est pas uniquement, du point de vue linguistique, l'occasion de se perfectionner en langue française. En effet, les locuteurs
ayant par exemple des compétences et des performances limitées en langue arabe parvien-
nent à les améliorer par leur contact quotidien avec les locuteurs qui possèdent bien
l'arabe.

Nous avons relevé le même phénomène chez un locuteur sara dont l'apprentissage du
lingala (langue véhiculaire zaïroise) s'était fait de façon curieuse au contact de
la chanson dite "congolaise" largement diffusée à la radio tchadienne. Cet enseignement fut renforcé sur le campus au cours de discussion et de réunions diverses avec
des lingalophones.

Choix des langues en situation intraethnique (1).

Ensemble des choix possibles

sara   arabe   ndo   sango   français   entre A_I et A_{II}

sara   arabe   ndo   français   entre A_I et A_{III}

sara   arabe   ndo   français   entre A_{II} et A_{III}

Situations rencontrées qui déterminent le choix des diverses langues (2).

Utilisation de l'arabe.

Lorsque deux Sara se lancent sur le mode de la plaisanterie une injure, ils le font en employant la langue arabe ou le sango :

ex. en arabe $\lceil$tis'amak$\rfloor$)
                                      ("cul de ta mère"
   en sango $\lceil$dòndō màmā tí mǫ́$\rfloor$)

Cette plaisanterie douteuse serait ressentie par l'interlocuteur sara comme une injure si elle était dite en sara. Le phénomène est analogue si elle est dite en arabe pour un locuteur ayant cette langue comme langue première.

Utilisation du sango.

Cette langue ne saurait être utilisée dans une situation de tête à tête entre des Sara qui la possèdent.
Cependant, dans la mesure ou la discussion se fait en présence d'un public qui possède le sango (en particulier les étudiants de l'Empire Centre Africain), les interlocuteurs, pour créer un climat de confiance et de familiarité parleront en sango.
Il est intéressant de noter un cas particulier d'utilisation du sango. Si le thème de la conversation concerne les évangiles ou le protestantisme les deux locuteurs sara (AI et AII) s'exprimeront en sango.

Utilisation de la langue ndo.

La première remarque qui nous vient à l'esprit à propos de la pratique de cette langue, c'est le plaisir avec lequel les locuteurs sara l'emploient. Cette langue de statut spécial semble avoir une fonction de prestige indiscutable pour ceux qui la pratiquent.

---

1. Il convient de préciser que l'analyse porte uniquement sur le comportement linguistique des locuteurs sara. Les catégories C et D n'ont qu'un locuteur ; la catégorie B a été envisagée précedemment.
2. Il est fort probable que ces situations et usages linguistiques ne sont pas exhaustifs.

Elle est utilisée lorsque le sujet du discours est fondamental par rapport aux
lois initiatiques. Si un Sara initié s'écarte des normes de bonne conduite définies par la loi ndo, il est rappelé à l'ordre en langue ndo.
Cependant elle n'est pas uniquement réservée au sujet de discours concernant l'initiation. Elle est aussi une langue de conciliabule employée entre des locuteurs ayant
des propos à tenir secrets, qu'ils soient politiques ou non. L'ancien président du
Tchad, Tombalbaye, lors des conflits internes qui secouaient son pays parlait à ses
conseillers politiques en langue initiatique.
De façon générale, cette langue reste aussi un instrument de communication entre Sara
initiés ayant une communication personnelle.

Utilisation du sara et du français.

De façon courante les locuteurs sara emploient en situation intraethnique le sara.
Cependant, lorsque le lexique sara s'avère trop faible et que les locuteurs ont besoin,
pour préciser leur pensée, d'un vocabulaire technique et spécialisé, ils ont recours
au français. Cette contrainte, due à la faiblesse de leur vocabulaire, provoque en
situation intraethnique l'apparition d'un type de discours assez particulier dans
lequel les deux langues alternent. Mais il convient de signaler que les locuteurs ne
font qu'ajouter des éléments de vocabulaire français sans modifier le système de leur
langue. Nous ne sommes pas du tout dans le cas d'un métissage de langue car il n'y a
pas de restructuration du vernaculaire africain, mais devant l'exemple d'une langue
qui cherche à devenir plus fonctionnelle en empruntant au lexique français ses termes
spécialisés. Pour exemple, le spectacle d'une partie de football à la télévision sus-
citera des commentaires dans une langue mélangeant la syntaxe sara et certains mots
du lexique français.

Les langues sara sont utilisées pour créer entre les locuteurs une atmosphère de
familiarité. Si un camarade sara arrive de l'étranger ou d'une autre université française, ceux qui l'accueillent s'adresseront à lui en sara pour lui demander des nouvelles du pays. Si le nouvel arrivant est inconnu mais plus jeune, on lui parlera en sara
pour le mettre en confiance.
Le français est substitué aux langues sara quand il est nécessaire socialement d'écar-
ter toute familiarité avec "l'étranger" sara. Si celui-ci est plus jeune mais occupe
une place plus haute dans la hiérarchie sociale, ou s'il est plus âgé et inférieur
hiérarchiquement, ceux qui le reçoivent s'exprimeront en français, l'utilisation du
sara dans ce cas manifesterait une certaine impolitesse. Il appartient au nouvel arrivant d'introduire l'exercice du sara. La classe d'âge et la situation sociale déterminent donc le choix des codes à employer en notant toutefois que le critère de
l'âge prime sur celui du statut social.

En dehors de son utilisation en tant que langue technique dans le domaine des études, de la politique, de l'administration, le français est utilisé comme langue familière entre les locuteurs tchadiens qui emploient les stérotypes français du type : "fiston", "j'ai vu le père... " qui n'ont pas d'équivalents en langue sara.

En situation de conflit entre locuteurs :

. si les deux locuteurs sont en présence d'un public sara, ils se disputeront en sara.
. si un Sara se dispute avec un Français, les injures émises seront en sara.
. si un Sara se querelle avec un Sara plus vieux, la dispute se fera en français sauf si le locuteur âgé prend l'initiative de choisir la langue sara.

En conclusion, dans le cas concret présenté l'utilisation des langues et leur alternance suivant les situations est plus riche en milieu intraethnique qu'en milieu interethnique.
Dans les deux cas chaque langue a une fonction d'exclusion ou d'insertion des tiers : l'arabe exclut et le français introduit en milieu interethnique. L'utilisation du sango a pour fonction de s'ouvrir au public qui parle cette langue.
La langue ndo est une langue de conciliabule dans l'usage qu'il en est fait en France. Le français tantôt maintient une barrière entre locuteurs sara différenciés socialement ou introduit un locuteur étranger parmi ces mêmes Sara.

B I B L I O G R A P H I E.

ALEXANDRE, P., 1967, Langues et Langages en Afrique Noire, Paris,
Payot.

BAUMANN, H., et WESTERMANN, D., 1948, ed. 1967, Les peuples et les civilisations de l'Afrique, Paris, Payot.

BOUKAR SELIM, 1977, Politique linguistique au Tchad, in Les Langues
Nationales, Revue agence de Coopération culturelle
et Technique, n°31, Février, p.15-17.

BOURDIEU P., et PASSERON, J.C., 1964, Les héritiers, ed. minuit.
1970, La Reproduction, éd. Minuit.

CAPRILE, J.P., 1972 a Etudes et documents sara-bongo-baguirmiens, Thèse
pour le doctorat de 3e cycle, Paris, Université René
Descartes, 480p.

1972b, Carte linguistique du Tchad, Atlas pratique du
Tchad, Institut National des Sciences Humaines,
N'Djaména, Tchad, p.36-37.

1976, Situation respective du français et des langues
africaines en Afrique Centrale (R.C.A. et Tchad).
Annales de l'université du Tchad. Numéro spécial
p.29-45 ou in Conseil International de la Langue
Française, Les relations entre les langues négro-
africaines et la langue française, Dakar, Mars 1976,
p.108-135.

CAPRILE, J.P., et BOUQUET, C., 1974, Notes sur le berakou, langue en
voix d'extinction des Babalia du Bas-Chari : XIe
Congrès de la SLAD, Yaoundé.

CAPRILE, J.P., et DECOBERT, C., 1976, Contact des cultures et création
lexicale à partir d'emprunts à l'arabe et au français
dans les langues du Tchad, Annales de l'université du

Tchad, numéro spécial, p.57-92 ou in Conseil International de la Langue Française, Les relations entre les
langues négro-africaines et la langue française,
Dakar, Mars 1976, p.576-613.

CAPRILE, J.P. et FEDRY, J., 1969, Le groupe des langues "sara"
(République du Tchad,) Afrique et langage, Archives
Linguistiques, n°1.

CAPRILE, J.P., et JUNGRAITHMAYR, H., 1973, Inventaire provisoire des
langues tchadiques parlées sur le territoire de la
république du Tchad, Marburg, Africana Marburgensia, VI,
2.

FERGUSON, C.A., 1966, National sociolinguistic profile formulas in
BRIGHT, W., ed. sociolinguistics, La Haye, Paris
Mouton, p.309-324.

FISHMAN, J.P., 1971, Sociolinguistique, ed. Nathan, Paris.

GREENBERG, J.H., 1966, Languages of Africa, 2nd rev., The Hague, Mouton.

1971, Nilo-Saharan and Meroitic in Sebeok, Current
Trends in Linguistics, Vol., 7, Linguistics in
Sub-Saharan Africa, The Hague, Mouton, p.421-442.

GUIRAUD, P., 1971, Les mots étrangers, Paris, P.U.F.

JAULIN, R., 1971, La mort sara, Paris, éd. Bourgois. Coll.10/18,
vol. 542 - 543 - 544.

JOUANNET, Fr., 1976, Le français et les langues africaines en milieu
scolaire au Tchad. Norme linguistique et représentation sociale ; Communication au colloque du C.I.L.F.
in Les relations entre les langues négro-africaines et
la langue française. Dakar - Paris 1976, p.688-701 ;
ou in bulletin n°2 du Centre International de Sémiolo-
GIE, Lubumbashi, Zaïre.

1977, Phonématique et prosodie du kanembou des Ngaldoukou
parlé sur les rives septentrionales du lac Tchad,
thèse pour le doctorat de troisième cycle, Nice
Université. 355 P.

JOUANNET, Fr., BOUNY, P., BOUQUET Ch., DECOBERT Ch., 1977, Géographie
et linguistique dans l'approche interdisciplinaire
des milieux tropicaux africains, Travaux R.C.P., n°3
1580, C.N.R.S., "L'homme et le milieu", 55p.

KHAYAR, I.H., 1976, Le refus de l'école ; contribution à l'étude
des problèmes de l'éducation chez les musulmans du
Ouaddaï (Tchad) , Paris, éd. Maisonneuve.

KOKONGAR, G.J., 1971, Introduction à la vie et à l'histoire
précoloniale des populations sara du Tchad. Thèse pour
le doctorat du 3e cycle, Paris, Centre d'Etudes
Africaines, Université de Paris I, 275 p.

LE ROUVREUR, A., 1962, Saharien et Sahélien du Tchad, Paris, Berger
Levrault.

LUKAS, J., 1936, The Linguistic situation in the Lake Chad area in
Central Africa, Africa, V., 9, n°3, p.332-349.

        1939, Linguistic research between Nile and Lake Chad, Africa,
        V.12, n°3, p. 335-349.

LUKAS, J. et VOLKERS, O., 1939, G. NACHTIGAL'S Anfreizeichnungen über
der Mimi-Sprache, Afrika und Ubersee Sprachen, Kulturen
Folge der ZES , Berlin.

MAUNY, R., 1970, Les siècles obscurs de l'Afrique noire, Paris, éd.
Fayard.

MEISTER, A., 1973, Alphabétisation et développement, le rôle de
l'alphabétisation fonctionnelle dans le développement
économique et la modernisation, éd. Anthropos.

SANKOFF, G., 1972, Language use in multilingual societies : some
alternative approaches, in PRIDE et HOLMES, Sociolinguistics Selected Readings, Harmondwarth Penguin
book, p.33-52.

STEWART, W.A., 1968, A sociolinguistic typology for describing national
multilingualism, in FISHMAN, J.A., ed. Readings in the
sociology of language, The Hague, Mouton, p.531-545.

TUCKER, A.N., et BRYAN, M.A., 1966, The Non-Bantu languages of North Eastern Africa, Handbook of African Languages, Oxford University Press for International African Institute.

WALD, P. et CHESNY, J., avec la collaboration de HILY, M.A., et PUTIGNAT, P., 1974, Contexte et variabilité, notes sociolinguistiques, Bulletin du Centre d'Etude des Pluri-linguismes, n°1, p.15-79.

WESTERMANN, D., 1937, Noirs et blancs en Afrique, Paris, Payot.

ZELTNER, J.C., 1970, Histoire des Arabes sur les rives du lac Tchad, Annales de l'université d'Abidjan, série F, tome 2, fasc. 2.

TABLE DES MATIÈRES